A GRAÇA QUE VEM DE DEUS

ABADE NOTKER WOLF
com LEO G. LINDER

A GRAÇA QUE VEM DE DEUS

REFLEXÕES DE ESPERANÇA, AMOR E CONFIANÇA PARA A VIDA DIÁRIA

Tradução:
NEWTON DE ARAÚJO QUEIROZ

Editora
Pensamento
SÃO PAULO

Título original: *Alles Gute Kommt von Oben.*
Copyright © 2010 Rowohlt Verlag GmbH, Reinbek bei Hamburg.
Copyright da edição brasileira © 2013 Editora Pensamento-Cultrix Ltda.

Texto de acordo com as novas regras ortográficas da língua portuguesa.

1ª edição 2013.

Todos os direitos reservados. Nenhuma parte deste livro pode ser reproduzida ou usada de qualquer forma ou por qualquer meio, eletrônico ou mecânico, inclusive fotocópias, gravações ou sistema de armazenamento em banco de dados, sem permissão por escrito, exceto nos casos de trechos curtos citados em resenhas críticas ou artigos de revista.

A Editora Pensamento não se responsabiliza por eventuais mudanças ocorridas nos endereços convencionais ou eletrônicos citados neste livro.

Editor: Adilson Silva Ramachandra
Editora de texto: Denise de C. Rocha Delela
Coordenação editorial: Roseli de S. Ferraz
Produção editorial: Indiara Faria Kayo
Assistente de produção editorial: Estela A. Minas
Editoração Eletrônica: Join Bureau
Revisão: Yociko Oikawa

CIP-Brasil Catalogação na Publicação
Sindicato Nacional dos Editores de Livros, RJ

W836g

Wolf, Abade Notker
    A graça que vem de Deus: reflexões de esperança, amor e confiança para a vida diária / Abade Notker Wolf com Leo G. Linder; tradução Newton de Araújo Queiroz. – 1. ed. – São Paulo: Pensamento, 2013.

    Tradução de: Alles Gute Kommt von Oben.
    ISBN 978-85-315-1849-2

    1. Vida espiritual. 2. Espiritualidade. 3. Deus. 4. Fé. I. Linder, Leo G. II. Título.

13-06174
                                                            CDD: 248
                                                            CDU: 2-584

Direitos de tradução para o Brasil adquiridos com exclusividade pela
EDITORA PENSAMENTO-CULTRIX LTDA., que se reserva a
propriedade literária desta tradução.
Rua Dr. Mário Vicente, 368 – 04270-000 – São Paulo – SP
Fone: (11) 2066-9000 – Fax: (11) 2066-9008
http://www.editorapensamento.com.br
E-mail: atendimento@editorapensamento.com.br
Foi feito o depósito legal.

SUMÁRIO

Prefácio	9
Precisamos realmente de tantas obrigações?............	11
Se Deus não existe, não existe mais estresse?...........	13
Bento XVI – um frio político da Igreja?.....................	15
"Beber até apagar" não pode ser uma solução...........	17
Caminhar para sentir o sagrado................................	19
Por que queixar-se em vez de sentir-se grato?..........	21
Um diálogo multicultural na oração da manhã.........	23
Tristes verdades – casos de abuso na Igreja.............	25
Hospitalidade para com estrangeiros........................	27
O amor suporta tudo, inclusive o medo....................	29
A coragem de ser sincero..	31
O demônio está chegando...	33
Alguém está dizendo que é o Filho de Deus.............	35
Escola – um lugar de maus-tratos.............................	37
Preservativos e o poder masculino...........................	39
Preços promocionais para as dádivas de Deus.........	41
A vida fica mais rica quando se têm irmãos.............	43
Abertura nem sempre é uma bênção........................	45

Amamos realmente o nosso próximo?............................ 47

Limite de velocidade para adultos 49

Fazendo música contra as forças da destruição............ 51

O horror não tem a última palavra 53

Minha pequena Pentecostes pessoal........................... 55

O tom de conversa que vem do coração 57

Pais indolentes são bons pais 59

Energéticos e temerários – dessa madeira
são talhados os santos 61

Compreensão com quem dança fora do compasso........ 63

Para quê o ser humano está na Terra?............................ 65

Um adesivo para proteger as crianças........................ 67

Três minutos para voltar a si mesmo.......................... 69

Não há garantia para a vida 71

O livre acesso à Internet e a economia nas palavras..... 73

Um convite ao mendigo do copo de papel.................... 75

"Não se esqueçam da oração!".................................. 77

O contentamento de arrancar em comum
ervas daninhas... 79

Beleza não é algo sem importância............................ 81

Uma experiência para pessoas sem melindres.............. 83

O coração de pedra reluz e canta............................... 85

Não é fácil ser fiel a um doente................................. 87

Anjos da guarda sorridentes..................................... 89

Criemos um mundo onde nem tudo seja possível......... 91

A dama sábia e o vendedor de melancias.................... 93

À procura do grande mistério que se chama Deus........ 95

Quando as pessoas se esquecem de si........................ 97

"Que se danem os ricos!" 99

A oração como algo incondicionalmente desejado 101

A virtude da tolerância e o convencimento farisaico 103

Seguindo na esteira os passos de Abraão e Sara........... 105

Agora todos querem ser maus 107

Mulheres que acham seus maridos tolos 109

"Esse Papa está divagando outra vez!" 111

Tenham confiança em seus filhos 113

Traição – mesmo quando não há risco de vida 115

Mãos de aço que reconciliam 117

Aplicação e amor à ordem – antigamente e agora 119

Formas de exercer uma pressão moral...................... 121

As formigas, como os cristãos, unem suas forças........... 123

Liberdade de opinião significa também
permitir os crucifixos................................. 125

Apanhada em flagrante 127

Como a água se transformou em vinho...................... 129

Nem mesmo o inferno os deseja............................. 131

Fé – um consolo fácil para fracassados?..................... 133

Em defesa das vozes alegres das crianças.................... 135

Lourdes e as curas milagrosas............................... 137

Nosso mundo não é tão mau assim 139

Amor à justiça ou mania de justiça?......................... 141

O que nos dizem os cemitérios............................... 143

Deixamo-nos intimidar com excessiva facilidade.......... 145

A vinculação pode libertar................................... 147

Ficou claro em nossa vida.................................... 149

O encontro entre duas crianças que
ainda não nasceram 151

O que acontece no estábulo de Belém é um
desafio para a razão.................................. 153

O que pensou Deus a respeito disso?......................... 155

Nossa capacidade de ouvir e ver acabará depressa...... 157

Às vezes o cristianismo não apenas é velho,
também parece velho................................. 159

PREFÁCIO

Para a nossa vida, para esses setenta ou oitenta anos de vida que nos são concedidos, precisamos ter uma enorme esperança, um enorme amor, uma enorme confiança. Mais precisamente: uma confiança total. Esperança, amor e confiança pertencem à nossa constituição básica de seres humanos. É daí que extraímos a força para uma vida bem-sucedida. Naturalmente, também é possível uma vida sem esperança, sem amor e sem confiança. Mas ela seria uma vida com medo. Seria uma vida onde se insinuariam a desconfiança, o temor, a inveja ou mesmo a inimizade.

Mas de onde devemos tirar tanta esperança, tanto amor e tanta confiança, para que, cedo ou tarde, sua provisão não se esgote? De nossa experiência de vida? Mas ela nos ensina que nada é permanente, que os sonhos, em sua maior parte, se desfazem e que a desgraça pode atingir a todos. E também a razão nos aconselha a desistir. "Veja como é o mundo – diz-nos ela –, a falta de escrúpulos triunfa, só se pode confiar em muito pouca gente, e até os melhores casamentos fracassam. Seja realista – nada se pode esperar!" E não estão certas a nossa experiência de vida e a nossa razão?

Entretanto, nós não queremos ser realistas – não nesse sentido. Queremos crer em algo que desminta nossa experiência de vida e nossa razão. Não queremos deixar de acreditar que a vida, apesar de tudo, nos quer bem, que o amor acabará vencendo, e que nossa vida, contra toda expectativa racional, não caminha para a extinção definitiva. Isso significa cultivar ilusões tolas? Não. Significa acreditar no possível – contra toda probabilidade. Significa unir-se à força que nos capacita a jamais desistir.

"Tudo é possível para quem crê", disse Jesus Cristo. Precisamos apenas de um bom fundamento para nossa fé – um fundamento melhor do que a fé na ciência, que nos promete uma vida de abundância, a vitória sobre todas as doenças e uma eterna juventude. O melhor fundamento que conheço é a fé em Deus, que me chamou à vida, que me ama e a quem retornarei um dia. Essa fé não se desgasta no decurso da vida. Essa fonte de segurança, amor e confiança não se esgota jamais.

Da perspectiva de minha própria experiência de vida, os verdadeiros realistas são aqueles que não se deixam intimidar pelo realismo da razão e se unem à força divina do amor e da vida na fé. Com os textos deste livro desejo partilhar com vocês as experiências que então podemos fazer.

Que Deus os abençoe.
Do seu *Notker Wolf*

PRECISAMOS REALMENTE DE TANTAS OBRIGAÇÕES?

Quantas vezes você diz durante o dia: "Tenho que..."? "Tenho que resolver isso ou aquilo. Tenho que ir a um lugar ou a outro. Tenho que terminar até tal data". Você já contou quantas vezes diz isso? Pode ser que esse "tenho que" seja dito por você com muito mais frequência do que qualquer outra coisa. Nesse caso, não deveríamos ficar assustados?

Fique atento a isso. As pessoas geralmente não dizem: "Quero sair rapidamente para fazer compras". Ou: "Quero buscar minha filha na escola". Elas dizem: "Tenho que..." (Isso também acontece muito comigo!) E é algo que merece atenção. Pois, de um lado, estamos convencidos de que vivemos num país livre e somos pessoas livres. Se alguém nos dissesse que não somos livres, certamente protestaríamos. Entretanto, quando ficamos atentos, verificamos quantas coisas nós "temos que"... É como se estivéssemos sob uma constante pressão. Como se nos limitássemos a cumprir exigências, a realizar encargos, ou seja, a fazer coisas que outras pessoas exigem de nós. Até onde chega então nossa liberdade? Ela figura somente no papel? E nós, apesar de acreditarmos firmemente nessa liberdade, realmente a vivenciamos?

De repente, o celular toca. "Preciso atender..." Ou então, ao sermos abordados pelo simpático morador de rua que vende jornal, alegamos: "Não, obrigado, tenho que..." No fim de semana, a mulher deseja fazer um programa com o marido, mas este alega: "Sinto muito, preciso colocar os impostos em ordem..." Sim, essa é uma reação normal, como sabemos. Mas esse "ter que" não denota alguma coisa? Agindo assim, apresentamo-nos como pessoas que não podem decidir livremente. Ou, talvez, que não queiram decidir livremente. Pois é muito confortável "ter que". É muito prático não sermos donos de nós mesmos. Pois assim evitamos qualquer discussão. Quando nos escondemos por trás do nosso trabalho ou das expectativas alheias, deixamos de ser responsáveis. Não precisamos mais nos justificar. Nem precisamos perguntar a nós mesmos: "É realmente sensato e correto o que eu estou fazendo agora? Não poderia ser de outra maneira? Não, não poderia, porque precisamos. E isso basta.

Mas... temos realmente de atender o celular no meio de uma conversa? Precisamos realmente seguir em frente quando o morador de rua com seu jornal nos olha com tanta expectativa? Temos realmente de cuidar de impostos quando nossa parceira deseja dar uma volta de bicicleta conosco? Precisamos realmente sentir-nos obrigados?

SE DEUS NÃO EXISTE, NÃO EXISTE MAIS ESTRESSE?

Atualmente já se faz propaganda aberta para que não se creia em Deus. Em Londres, por exemplo, circulam ônibus pela cidade com o seguinte anúncio: "Provavelmente Deus não existe – portanto, aproveite a vida". Com isso talvez se queira dizer que, se Deus não existe, não existe mais estresse. Mas por quê? Por que os ateus deveriam ser as pessoas mais felizes?

Se bem entendo as pessoas que financiam essa campanha, elas querem dizer que quem crê em Deus torna sua própria vida difícil, sem necessidade. Isso porque quem crê em Deus se atormenta com problemas tais como pecado e culpa. Com isso, não pode tirar muito prazer de sua vida. Quem, ao contrário, não crê em Deus, também não precisa desperdiçar seus pensamentos com pecado, culpa e responsabilidade. Pode descansadamente viver o seu dia a dia. Em outras palavras, a felicidade consiste em facilitar as coisas para si mesmo, e Deus se opõe a essa felicidade.

Será que isso é verdade? Quando penso a respeito, vêm-me à mente imagens de situações de minha longa vida como monge. Lá está a mulher gravemente enferma, que fui chamado a visitar. Ela não está passando bem. Imaginem se eu lhe dissesse: "Provavelmente Deus não existe, portanto aproveite a vida"! A doente receberia minhas palavras como uma boa--nova? Penso ainda no jovem africano que trabalha numa de nossas oficinas na Tanzânia e precisa sustentar pais e irmãos, porque seu pai ficou cego. Se eu lhe dissesse: "Provavelmente Deus não existe, portanto aproveite a vida"!, essa seria realmente uma boa notícia para ele? Também penso naquele idoso do Sri Lanka, que me visita. Ele passou pela guerra civil e perdeu uma filha durante um ataque de rebeldes. Se eu dissesse a ele: "Provavelmente Deus não existe, portanto aproveite a vida"!, isso poderia consolá-lo? Ele daria um suspiro de alívio, como parecem imaginar os promotores da campanha publicitária de Londres?

Permitam-me ser totalmente sincero: nós, europeus, bafejados pela fortuna, podemos achar plausível esse anúncio. De fato, é possível divertir-se sem Deus. Mas, logo que nos distanciamos de nosso mundo de abundância, o que importa já não é facilitar a própria vida, mas superar a vida. O que importa é coletar força, coragem e confiança, receber consolo e amor. Quando passamos a levar nossa vida a sério, a mensagem realmente é esta: Existe um Deus, e ele é bondoso e misericordioso, porque nos ama.

BENTO XVI – UM FRIO POLÍTICO DA IGREJA?

No início de 2010, muitas pessoas se irritaram com o Papa. Tinham razão? Bento XVI teria realmente se revelado como um teólogo alheio ao mundo, como um frio político eclesiástico? Não, ele não agiu dessa maneira. A onda de indignação que se levantou contra o Vaticano foi infundada. O caso deveria ter sido analisado com mais profundidade. Evidentemente existem muitas pessoas que se comprazem em aproveitar a primeira oportunidade para criticar o Papa.

O que aconteceu? Um grupo de bispos solicitara readmissão na Igreja. Tinham sido excomungados há muitos anos – isto é, excluídos da comunidade da Igreja –, por terem rejeitado as reformas do Segundo Concílio Vaticano, provocando um cisma na Igreja. Agora os antigos rebeldes se dispunham a reconciliar-se com a Igreja. Nenhum Papa poderia ter recusado isso, pois uma de suas principais tarefas é preservar a unidade dos cristãos. O Papa tinha de aproveitar essa oportunidade para suprimir essa divisão da Igreja. Por isso ele ordenou às autoridades competentes do Vaticano que atendessem ao desejo de reconciliação aos bispos rebeldes.

Ora, esses bispos pertencem indubitavelmente a uma ala tradicionalista do catolicismo, e precisam demonstrar primeiro que abrem mão de sua atitude rígida e unilateral. E é verdade que também são extremamente conservadores em assuntos políticos. Mas opiniões políticas – dos simples fiéis, como dos bispos – não devem interessar ao Papa. Para ele, o que importa é somente a fé. Julgo assim que a atitude do Papa foi fundamentalmente correta. Contudo ele não tinha contado com a atitude tomada pelo bispo inglês Williamson. Este quis manifestamente sabotar a reconciliação – e imediatamente divulgou declarações absurdas sobre o Holocausto, consciente de que iria suscitar um escândalo. Estava claro para ele que com isso iria contrariar o Papa – no que foi prontamente secundado pela mídia.

É evidente que o Papa não partilha as opiniões do bispo Williamson. Para todas as pessoas de bom senso, é claro que Bento XVI considera o Holocausto como um crime abominável. Portanto, erraram todos aqueles que criticaram o Papa, como pessoas que manifestamente se aproveitam de toda ocasião para desacreditá-lo.

"BEBER ATÉ APAGAR" NÃO PODE SER UMA SOLUÇÃO

Será mesmo verdade? Dois terços dos estudantes maiores das escolas de Hamburgo participam com certa regularidade da prática de "beber até apagar", e bebem até desmaiar. Na Alemanha, cerca de 20 mil jovens são internados todos os anos em clínicas de tratamento intensivo de intoxicação alcoólica. E, como lemos nos jornais, já não são raros os casos de dependência alcoólica entre jovens de 14 anos. É o caso de se perguntar: existe algo de errado com os jovens, ou com o mundo em que vivem? Ou há algo de errado com nós, os adultos, os professores e os educadores?

Pois deve estar acontecendo algo realmente muito grave para que os jovens se alienem intencionalmente assim da realidade, buscando no álcool sua salvação e vendo na autodestruição sua única saída. Não querem saber de mais nada, apenas anestesiar-se a qualquer preço. Mas o que há de tão terrível em sua vida?

Nossos políticos afirmam que naturalmente não há nada de terrível no mundo dos jovens. Porém já estão alarmados. Preferem considerar o "beber até apagar" como uma moda insensata da juventude e apelam para as agências de publicidade, que entendem de modas. Elas vão persuadir os jovens, com frases "quentes", que beber até cair é uma "fria". Se isso não ajudar, imprimirão fotos repugnantes em descansos para copos de cerveja. Um pouco de terror deverá bastar, pensam eles. Mas que não se pergunte pelas causas. Que não se questione a razão das coisas! Pois então possivelmente o resultado seria este: Sim, existe algo terrível em nosso mundo. Existe algo extremamente ameaçador. Os jovens se desencaminharam num mundo de mil oportunidades. Estão perdidos num cruzamento onde há setas para todas as direções. Eles não sabem para onde ir, nem que caminho deverão tomar. Indicações de caminhos só servem quando se sabe para onde se deseja ir. Mas os jovens estão abandonados, sem orientação. Escolham vocês mesmos o seu caminho – disseram-lhes os pais –, não queremos convencê-los. Procurem vocês mesmos o sentido da vida – disseram os professores –, não queremos prescrever-lhes nada. Em outras palavras, ninguém lhes indicou o caminho quando crianças. O lar não lhes deu uma ajuda inicial, os professores não lhes mostraram a direção. Agora eles precisam escolher e não sabem para onde ir. Então se instalam no cruzamento e bebem até a inconsciência, como única saída. Isso pode ser verdade?

CAMINHAR PARA SENTIR O SAGRADO

Sair de casa como uma pessoa insatisfeita, e voltar para casa como uma pessoa satisfeita? Foi o que vivenciou uma senhora de Munique, que me contou sua história. Há dois anos ela partiu em peregrinação para Santiago de Compostela. Deixou Munique a pé, com sua mochila às costas, e percorreu em 103 dias os 2500 quilômetros na jornada para a Espanha. Uma incrível façanha! Porém para ela o importante não era a façanha.

"Eu queria simplesmente entrar num mundo diferente", disse ela. Tinha trabalhado como chefe de departamento numa grande empresa, aposentando-se aos 59 anos. Mas não conseguiu levar essa vida por muito tempo. Embora nada lhe faltasse, não quis ficar em casa com o marido. Então partiu. Sozinha. Seu destino: o santuário de Santiago de Compostela. Chegada: em algum dia. E desde os primeiros dias sentiu-se como uma peregrina. Dormia na palha ou em mosteiros ou em albergues modestos. Frequentava missas vespertinas para peregrinos. Conheceu párocos que, com muita naturalidade, acompanhavam os peregrinos em suas refeições. Certa vez um padre fez pessoalmente uma sopa de alho e serviu-a a todo o grupo. A peregrina amou essa comunidade de pessoas que não exigia reconhecimento. Com elas podia ficar em silêncio e com seriedade. No caminho frequentemente encontrava outros peregrinos, e às vezes caminhava por dois ou três dias na companhia deles. Depois voltava a ficar só – e se perdia em seus pensamentos, a ponto de várias vezes errar o caminho. "Quando estamos sós", disse ela, "o relógio interior retrocede. Voltamos à infância, percorremos todas as fases da vida e refletimos se teríamos podido agir melhor." Essa peregrinação foi para ela uma viagem por sua vida.

E finalmente, quando chegou a Santiago de Compostela, tinha aprendido muita coisa. A gratidão, por exemplo. Gratidão pela hospitalidade recebida e pelos encontros que tivera pelo caminho. Também aprendera a ser modesta e a renunciar às exigências excessivas que costumava fazer. E respeito. Um pôr do sol ou o interior fresco de uma igreja podiam despertar nela o respeito. Ela voltou a possuir olhos e ouvidos para ver que havia algo maior do que ela mesma. E desenvolveu uma sensibilidade para o sagrado. Voltou feliz para casa. Tinha encontrado Deus? Pelo menos estava agora preparada para isso. E com isso alcançara o verdadeiro objetivo da peregrinação.

POR QUE QUEIXAR-SE EM VEZ DE SENTIR-SE GRATO?

"Eu realmente não sabia como era infeliz", disse-me Astrid, uma velha conhecida dos tempos de faculdade. "Por dois anos quase não pude andar por causa das dores. Arrastava-me de um lado para outro, como um caramujo de jardim, e de algum modo me conformava com isso." Agora tudo isso ficou para trás: a operação, em que foi colocada uma nova articulação em seu quadril, e as semanas que passou na clínica de reabilitação. Ela sorri aliviada. Diz que tem muitos motivos para estar feliz, e os enumera. "A operação foi bem-sucedida. Finalmente já posso mover-me sem dores. Só fiz boas experiências. Os médicos e as enfermeiras no hospital foram todos amáveis. E o pessoal na clínica de reabilitação estava sempre de bom humor e prestativo. É incrível tudo que nos foi oferecido, tudo o que foi feito para facilitar ao máximo a nossa vida. E mesmo da comida não posso queixar-me." Uma nova lembrança, porém, leva-a a sacudir a cabeça. "Mas também havia ali pessoas que se queixavam de tudo. Que apenas reclamavam, e não estavam contentes com nada. Gente difícil de entender. Em muitos outros países deste mundo elas estariam se arrastando sobre muletas. Aqui fazem por elas tudo que se possa imaginar – e elas se queixam."

Duas lembranças me ocorreram a propósito do relato de Astrid. A primeira foi uma imagem de Roma. Alguém escrevera com *spray* na parede de uma casa, em grandes letras, essas palavras: "Grazie, Roma". Obrigado, Roma! Era alguém que precisou expressar gratidão por todo o prazer que essa magnífica cidade lhe proporcionara. Alguém que tinha toda razão de considerar-se feliz, e que também sabia disso. Grazie, Roma – Obrigado, Roma. Porventura, alguém já leu numa parede alemã: "Danke, München" – Obrigado, Munique? Ou: "Danke, Hamburg" – Obrigado, Hamburgo?

A segunda lembrança que me ocorreu foi uma oração – a mais conhecida de todas, o Pai-Nosso. Aí se trata da questão do que podemos pedir a Deus. E Jesus disse: nosso pão de cada dia. Portanto, o necessário à vida, nada mais. "Sejam modestos quando apresentarem a Deus seus desejos, disse Jesus. Não apresentem exigências desmedidas." É uma atitude sensata, um caminho para a felicidade. Pois quem se dá por satisfeito com o necessário ficará feliz com tudo que supere suas expectativas. Astrid, de qualquer modo, estava feliz. Certamente, mais feliz do que todos que reclamam sempre mais. Os insaciáveis.

UM DIÁLOGO MULTICULTURAL NA ORAÇÃO DA MANHÃ

Às vezes podemos pensar que a fé está se retirando do mundo, de um modo lento mas seguro, e que não se pode mais deter a marcha vitoriosa da indiferença religiosa. Mas essa impressão engana. Pois o mundo parece descrente apenas do ponto de vista europeu. Em todas as outras partes do mundo as pessoas permanecem firmes em sua fé. Isso se aplica também à Igreja Católica. Na Europa ela está perdendo terreno, mas fora da Europa – sobretudo na Ásia – está ganhando uma nova força. Eu mesmo vivenciei isso muitas vezes, como em minha última viagem à Índia.

Depois de um voo longo e cansativo, e de muitas horas viajando de automóvel, finalmente cheguei à Abadia de Santo Tomás em Kappadu, na província de Kerala. Na primeira oração da manhã no dia seguinte, eu ainda estava meio sonolento entre os irmãos, quando de repente um forte canto da comunidade me reanimou. Atrás de mim, 160 jovens cantavam com entusiasmo os salmos e cânticos da oração matinal. No correr do dia reparei então que esses jovens estavam plenamente à vontade entre os padres beneditinos. Frequentam a escola pública que fica ali perto, mas moram no internato da abadia.

Compareçem diariamente às orações da manhã e da noite, e não perdem a missa do domingo. E sempre estão presentes de todo coração – algo que aqui não conseguimos imaginar. Ainda mais surpreendente para mim foi saber que nem todos são católicos. Existem entre eles muitos hindus e muçulmanos. E absolutamente não existe uma secreta intenção de convertê-los. Não, seus pais fazem questão de que eles participem das orações na abadia. Pois na Índia reina, por toda parte, um grande respeito pelo sagrado, e nem os hindus nem os muçulmanos precisam fazer um esforço especial para participar da oração dos cristãos. E era evidente que nenhum desses jovens se entediava ali. Também não precisavam de cânticos modernos – seu coração se abria com os salmos e as antiquíssimas orações.

Depois da oração da manhã observei como esses jovens – inclusive os não cristãos – se aproximavam da cruz, tocavam-na e nesse gesto encontravam força para o seu dia. Eu desejei que também nós ocidentais reencontremos essa vitalidade da fé. Mesmo porque o respeito diante de Deus pode unir-nos às pessoas de outros continentes, de um modo mais estreito do que qualquer diálogo multicultural.

TRISTES VERDADES – CASOS DE ABUSO NA IGREJA

Este assunto me traz amargura e tristeza. Desde que foram divulgados os casos de abusos contra jovens, sinto-me lançado no purgatório. São casos de abusos que também ocorreram em internatos beneditinos. Muitos deles ficaram encobertos durante decênios. As vítimas não falaram a respeito e os perpetradores esperavam que suas aberrações caíssem no esquecimento com o tempo. Porém agora tudo veio à luz. Para uma Igreja de elevadas exigências morais, isso é um abalo. E não apenas as vítimas sofrem. Foi um choque também para as mães, que souberam pela imprensa o que se cometeu contra seus filhos.

Como isso pôde acontecer?

Também nós, os religiosos, somos seres humanos. É certo que nos propomos um objetivo elevado, o de estarmos livres para Deus, livres de interesse pessoal, do egoísmo e da natural cobiça de poder, dinheiro ou sexo. Mas continuamos sendo seres humanos, sujeitos a tentações. E, infelizmente, justamente aqueles que lidam diariamente com jovens estão expostos a tentações. Todo professor poderá confirmar isso. A triste verdade é que alguns de nós não tiveram forças para resistir à tentação. Agora temos que encarar envergonhados essa verdade.

Ocorre mais uma coisa. Os mosteiros não são ilhas de santos. O que move e toca a sociedade, move e toca também a nós. Quando acontecem castigos físicos nas famílias e nas escolas – o que era comum nos anos 50 e 60 – acontecem castigos físicos também nas escolas dos mosteiros. E quando na sociedade caem as inibições sexuais, então também a moral dos monges sofre uma vacilação. Gostaria apenas de lembrar a vocês que nos anos 80 certos grupos defenderam publicamente que se permitisse o sexo com adolescentes de 12 anos – isso também em nome da liberdade. Naquela época ainda não era amplamente comentado que o abuso sexual pode traumatizar jovens por toda a vida. Também nós fomos cegos para isso.

Como podem perceber, estou procurando explicações, não desculpas. Pois não há desculpas – nem para os perpetradores, nem para os superiores que fecharam os olhos. Desejo que a Igreja tenha a coragem de perceber a triste verdade – que alguns em suas fileiras erraram terrivelmente – esperando que ela saia purificada desse exame de consciência. Por outro lado, desejo que todos nós tenhamos a coragem de entender que nem toda liberdade é uma bênção.

HOSPITALIDADE PARA COM ESTRANGEIROS

As pessoas na Alemanha têm aversão a estrangeiros? Até pouco tempo atrás, eu teria respondido que não. Que podia haver exceções, como de alemães ainda não acostumados a vizinhos búlgaros ou etíopes. Ou de alemães que ainda não entenderam que não podem permitir-se indelicadezas contra estrangeiros, quer sejam turcos ou afegãos. Entretanto, tais exceções sempre aconteceram em todos os lugares, e infelizmente nada se pode fazer contra isso. De um modo geral, porém, como eu dizia, na Alemanha as pessoas se comportam bastante bem em relação a estrangeiros.

Há pouco, porém, uma mulher me contou o que ocorre no lugar onde ela mora. É um prédio comum de aluguel numa grande cidade alemã, num bairro que, embora não seja dos mais abastados, também não é dos mais pobres. Nas dez residências do mencionado prédio moram três famílias alemãs e sete famílias ou casais de diferentes países. A mulher em questão é alemã e há anos vive com um iraquiano. Diariamente ela presencia como as três famílias alemãs atormentam a vida dos demais moradores. Quando o seu marido saúda algum dos alemães na escada, a resposta é: "Fora com os estrangeiros"! Se a polonesa do terceiro andar deixa o carrinho do bebê por algum tempo perto da entrada, ela é interpelada. Se o bebê de um casal indiano chora, uma queixa é apresentada à administração do prédio. "Há pouco tempo, conta ela, o japonês do quarto andar caiu literalmente em prantos em meu apartamento. E todos sabem que é preciso que ocorra algo realmente sério para fazer um japonês chorar."

Ao ouvir essa história fiquei pensativo. Manifestamente ainda existe naquele prédio uma certa arrogância nacional. Eu tinha pensado que tínhamos deixado esses tempos definitivamente para trás. E quando penso que ainda existem outros prédios como esse na Alemanha... Entendam, não quero agora começar a falar do amor cristão ao próximo. Mas o que acontece com a hospitalidade? Em todas as regiões do mundo ela é tida como um bem sagrado. E por toda parte as pessoas acolhem com hospitalidade, de modo especial, alguém que não foi convidado e de repente bate à nossa porta: o estrangeiro. Essa é uma questão de simples humanidade, e não deveria ser preciso lembrar isso. Assim, peço a vocês que tomem o partido da humanidade. Intervenham quando pessoas ofenderem outras por causa de sua origem. E não se esqueçam de saudar seu vizinho estrangeiro no prédio onde residem.

O AMOR SUPORTA TUDO, INCLUSIVE O MEDO

O amor é algo difícil. Não no princípio, pois então ele parece ser fácil. Estamos apaixonados e cremos piamente que todos os nossos sonhos se realizarão. Porém, com o passar do tempo, percebemos que não é assim tão simples. Nosso parceiro é diferente e, às vezes, incompreensível. Muitas vezes ele não se comporta como gostaríamos. Com o passar do tempo percebemos talvez que ele não gosta de decidir-se, ao passo que nós precisamos de segurança e damos o maior valor à confiabilidade. Ou então ele logo se sente pressionado e de vez em quando prefere distanciar-se, ao passo que nós gostaríamos de cumulá-lo com o nosso amor. E de repente insinuam-se mal-entendidos, difíceis de esclarecer. Notamos como a raiva vai subindo em nós, totalmente contra a nossa vontade. Começamos a duvidar do amor dele, também totalmente contra a nossa vontade. Perguntamo-nos: Por que ele faz isso? Por que diz isso? E parece-nos que a única explicação para isso é que ele quer ferir-nos. E logo ficamos ofendidos, logo nos indignamos. Agora quase não conseguimos admitir que seu amor é realmente para valer. E então o amor se torna um tormento.

Também não ajuda educar o outro. Não ajuda querer persuadi-lo, como gostaríamos de fazer. Ou mesmo alimentar a ambição de convencê-lo e torná-lo dócil. O máximo que se consegue dessa maneira é provocar a resistência dele. Vocês sabem o que ajuda então? – Reconhecer como somos dominados pelo medo, justamente quando amamos. O medo de sermos rejeitados. O medo de perdermos o outro. Esse medo nos pinta ameaças quando não existe nenhuma. Leva-nos a imaginar más intenções quando não passam pela cabeça da outra pessoa. Esse medo nos torna rígidos e cegos. Precisamos entender isso para perceber que não temos absolutamente nenhuma razão para ofender-nos, pois não havia nenhuma intenção má! E de repente podemos permitir que o outro seja do jeito como é. Agora podemos finalmente, com paciência, perseverança e indulgência, empenhar-nos em compreendê-lo cada vez melhor.

Paciência, perseverança e indulgência são as características de um amor forte. Em seu maravilhoso hino ao amor, no cap. 13,4-7 de sua Primeira Epístola aos Coríntios, o apóstolo Paulo resume essa experiência com estas palavras: "O amor é paciente, é benigno... não se exaspera, não se ressente do mal... tudo sofre, tudo crê, tudo espera, tudo suporta". E, além disso, ele também nos dá forças para superar a ansiedade, que com muita facilidade e sem ser percebida, volta sempre a infiltrar-se em nós.

A CORAGEM DE SER SINCERO

Num jantar disse-me uma senhora idosa, com certa indignação: "Por que razão eu deveria me confessar? Não tenho consciência de nenhuma culpa. Não fiz nada de mau. E não me deixo convencer por nenhuma consciência intranquila". Então olhei para ela e pensei: "Que bonito! Uma boa pessoa com uma consciência tranquila. Algo digno de inveja".

Quando somos sinceros conosco mesmos, nossa avaliação pessoal talvez não seja tão positiva. Seguramente acredito na palavra de quem afirma não ter feito nada de errado. Acredito imediatamente. Mas sei também, por experiência própria, quantas coisas nós, os seres humanos, carregamos conosco. Quase todos nós. São coisas não confessadas, que se tornam um peso opressivo porque são tidas por inconfessáveis. São mentiras em que nos enredamos. Vulgaridades que não queremos perceber. Maldades que se infiltraram em nós. Traições que não queremos confessar a nós mesmos. Vocês não imaginam quantas mágoas podemos causar, apenas com nossa desatenção e cegueira, sem intenção de ofender. Mas então carregamos isso conosco, como uma culpa não confessada – e interiormente gememos por causa disso.

Nesse caso, a confissão poderá nos ajudar? Naturalmente, sei que muitas pessoas tiveram experiências desagradáveis com a confissão, seja porque o sacerdote era excessivamente curioso ou porque elas se sentiram obrigadas a confessar pecados inventados. Não obstante, você pode pensar em fazer uma nova tentativa? Agora a situação é diferente. Você já é uma pessoa adulta e não se deixa mais pressionar. Não precisará talvez, justamente neste momento, de alguém com quem possa ser totalmente sincero? Absolutamente sincero? Porque qualquer outra coisa já não ajuda.

Veja, a Deus não precisamos mentir. Seria insensato. Por isso, também no confessionário é possível chegar logo ao local da ferida. Poderemos dizer o que antes nem mesmo ousávamos pensar. E isso é salutar. É a oportunidade de um novo começo. Futuramente já não lhe será tão difícil ser sincero consigo mesmo. Você verá como essa abertura tornará muito fácil entender-se consigo mesmo e com as outras pessoas. Confessar-se ajuda a ganhar clareza sobre si mesmo.

Pois não faz sentido enganar a Deus. E ficamos infelizes quando enganamos a nós mesmos. Aquele que tem a coragem de ser sincero, pode finalmente fazer também a experiência liberadora: Deus me perdoou.

O DEMÔNIO ESTÁ CHEGANDO

O demônio está realmente chegando. Até mesmo a televisão alemã já lhe concedeu um horário em sua programação. No show *The next Uri Geller*, algum tempo atrás, apresentava-se um mago de aspecto diabólico, totalmente vestido de preto. Em seus truques, diversas vezes invocava Satanás ou Lúcifer, como se tivesse recebido sua arte do poder do demônio. Terá isso sido apenas um exibicionismo de mau gosto, ou um jogo irresponsável com forças destruidoras?

A resposta depende de nossa atitude, se levamos o demônio a sério ou não. Eu, de minha parte, levo-o muito a sério. Não, não me refiro ao diabo com chifres de bode e patas de cavalo, mas ao poder do mal. Já o vivenciamos muitas vezes na história – especialmente na nossa –, e também podemos vivenciá-lo em nossa vida pessoal. Vou contar-lhes uma pequena história que à primeira vista me pareceu muito inocente.

Há muitos anos, um garoto de 10 anos me confessou que perseguira sua irmãzinha escada acima, com uma aranha que tinha capturado. Inicialmente sorri e tranquilizei-o, dizendo-lhe que não tinha sido nada muito grave. Ele, porém, não quis concordar com isso. "Não", disse ele, "sei que minha irmã tem pavor de aranhas, e senti prazer em aterrorizá-la." Então entendi o que ele queria dizer. Ele tinha vivenciado sua própria maldade, e ela lhe proporcionara alegria – uma alegria diabólica. Ele estava profundamente assustado com isso. Vejam vocês, é isso que quero dizer. Existe um prazer na maldade. Quando nos entregamos a ela, nos comprazemos em causar danos. Então nos alegramos com o medo, a humilhação ou a destruição de alguém. É isso que considero diabólico: comprazer-se na desgraça que se causa a outra pessoa, alegrar-se com seu tormento. Então nem precisamos imaginar o demônio com uma carranca diabólica. Podemos imaginá-lo com um fino sorriso diabólico, sempre que um mago da televisão minimiza o poder do mal num *show* de mau gosto. E ele não é inofensivo, porque esse prazer na maldade reside em todos nós e pode assumir dimensões insuspeitadas. Por isso eu levo a sério o demônio. E por isso acho perigosos os programas onde magos satânicos podem apresentar-se.

ALGUÉM ESTÁ DIZENDO QUE É O FILHO DE DEUS

Esta é uma das histórias mais dramáticas que jamais foram escritas. Um homem caminha para a morte com olhos abertos, embora nada nem ninguém o obrigue a isso. Ninguém o impede de fugir. É noite, e ele ainda poderia escapar, protegido pela escuridão. Mas ele permanece ali onde com toda a certeza o encontrarão: nesse jardim, debaixo dessas oliveiras. O traidor já se pôs a caminho. Antes, na ceia com seus amigos, esse homem o desmascarou como o traidor, mas ninguém o deteve quando ele saiu e desapareceu na noite. Agora esse homem espera aqui no jardim, onde aguarda a qualquer momento a sua prisão.

Então ele é tomado por uma angústia mortal. Prostra-se por terra e suplica a Deus: Deixe-me escapar desta com vida! Ele sabe que estará perdido se o encontrarem. Mas então, por que não foge? Por que, em vez disso, pede a Deus que afaste o perigo? Como se o perigo pudesse desvanecer-se como um pesadelo! Manifestamente esse homem está profundamente dilacerado, entre o medo da morte e a sua missão – o seu destino. Mas – seu destino deveria ser realmente este – morrer? Morrer pregado numa cruz? Ele chora de angústia. Mas não foge.

E eles o acham. E o prendem. Na mesma noite apresentam-no ao tribunal. E de repente se insinua de novo a esperança, pois as testemunhas se contradizem. O que elas dizem não basta para uma acusação. Então o juiz supremo interfere e pergunta diretamente ao preso:

"É verdade que você se considera o Filho de Deus?"

"Sim", responde o homem. "Sim, eu o sou".

Com isso tudo fica claro. Esse sujeito está louco! Está ali desamparado, amarrado, entregue a seus adversários, e afirma que é o Filho de Deus! Um louco, um sedutor do povo, um blasfemo! Levem-no! No dia seguinte ele pende da cruz, como um criminoso comum. E morre. Livraram-se dele. Realmente? Não! Porque, dois dias depois, seu túmulo está vazio. E por toda parte se divulga: Ele está vivo! Ele ressuscitou! Ele é realmente o Filho de Deus!

Uma história incrível, que pode ser lida nos três últimos capítulos do Evangelho de São Marcos. Ela conta a vitória do amor sobre o medo, o ódio e a morte. Vamos festejar juntos, com toda a cristandade, essa vitória na Páscoa. A vitória de Jesus e sua ressurreição dos mortos.

ESCOLA – UM LUGAR DE MAUS-TRATOS

Quem visita uma escola pisa frequentemente num mundo sem amor. Em quase todas as classes existem crianças que vivenciam o inferno, porque são absolutamente humilhadas por seus colegas. Antigamente também se faziam troças. Mas nestes últimos tempos os métodos se tornaram mais brutais e as crianças mais implacáveis. Não se trata mais de ridicularizar, mas de maltratar.

Basta que alguém seja diferente. Por exemplo, que leia livros em vez de sentar-se diante do computador. Ou que prefira o xadrez ao futebol. Ou simplesmente que seja mais tímido do que os desinibidos meninos – ou meninas – da classe. Essa criança fica logo inferiorizada. Logo se torna vítima de agressões das outras, sistematicamente e no grupo. Toda fraqueza é explorada. Somente a força vale. Solidariedade? Camaradagem? Esportividade? Raramente se encontram. Nesse mundo parece haver apenas agressores e vítimas. Quem não quer ser vítima, prefere alinhar-se aos agressores e participa. Cospe, bate, xinga, ridiculariza.

Vocês acham essa imagem excessivamente sombria? Pesquisas reportam que meio milhão de crianças na Alemanha sofrem violência da parte de seus colegas – violência psíquica e também física. Isso significa, em média, uma criança em cada classe. Muitas vezes essas crianças não comentam isso, porque atribuem a culpa a si mesmas. Muitas vezes professores e diretores fecham os olhos, porque se sentem sobrecarregados. E frequentemente as vítimas entram em depressão, alimentam pensamentos de suicídio ou mesmo fantasias de assassinato.

Por que as crianças já quase não sentem compaixão pelas mais fracas? Será porque humilhar outras pessoas tornou-se quase um esporte popular? Na televisão e na internet pode-se curtir diariamente a humilhação de pessoas que não podem defender-se. E essa cultura do insulto é alimentada no coração de nossas crianças.

Tenho ainda uma outra explicação. Ela tem a ver também com o fato de que muito poucos pais contam a seus filhos as histórias bíblicas. Que quase não há mais crianças que tenham crescido com a parábola do bom samaritano em seus ouvidos. Que Jesus Cristo com seu amor ao próximo já não é um exemplo para elas. Humanidade é algo que precisamos aprender desde crianças. E ela nos é mais fácil quando as parábolas e histórias da Bíblia nos acompanham pela vida.

PRESERVATIVOS E O PODER MASCULINO

O Papa é contra preservativos? Ele se opõe a que se detenha a epidemia de Aids na África com ajuda de preservativos? Foi o que noticiaram os jornais, e muitos se indignaram contra isso. Como pode o Papa ser tão teimoso e insensível? Ele não sabe que os preservativos protegem da transmissão da Aids?

Sim, de fato todos sabem, e o Santo Padre também sabe. Mas ele também sabe algo que muitos de seus críticos ignoram. Ele conhece as condições na África. Está bem informado de que os preservativos não são bem-vistos pelos homens africanos. Em todas as localidades, ao longo das estradas do interior da África, onde os caminhões costumam parar, existem preservativos nas mesas de cabeceira das prostitutas. Apesar disso, as mulheres ali se contaminam em pouco tempo. Preservativos de nada adiantam quando não são usados. Além disso, eles têm um péssimo efeito secundário: incentivam um comportamento sexual destituído de consciência e de consideração. Facilitam aos homens tratar as mulheres como puros objetos de prazer – e frequentemente as mulheres africanas não ousam resistir aos desejos dos homens. Apenas um exemplo: quando em Togo perguntei a jovens monges quantos irmãos eles tinham, recebi respostas hesitantes. Onze? Ou catorze? Ou dezenove? Eles não sabiam ao certo. Nasceram todos da mesma mãe, mas tinham diferentes pais.

O Papa conhece essas situações, e uma pesquisa da Harvard University lhe dá razão. Ela chegou à conclusão de que o declínio da Aids na Uganda resultou menos dos preservativos do que da mudança de atitude em relação à sexualidade. Em Uganda a fidelidade conjugal tem hoje um valor maior do que no passado. Sobretudo homens jovens estão decididos a assumir o casamento com mais seriedade do que seus pais. E mulheres jovens já não se submetem à vontade dos homens com a mesma docilidade de suas mães.

Foi exatamente isto que o Papa disse e pensou. Preservativos reforçam o poder tradicional dos homens mas não resolvem o problema da Aids. Muitos africanos, nesse meio-tempo, entenderam, melhor do que nós europeus, que apenas a fidelidade conjugal e o respeito às mulheres podem bloquear a epidemia de Aids. Eles ficarão gratos ao Papa por suas palavras.

PREÇOS PROMOCIONAIS PARA AS DÁDIVAS DE DEUS

Sessenta e cinco centavos de euro por meio quilo de manteiga – não é motivo de satisfação? 1,49 euros por uma garrafa de Prosecco – não é irresistível? Note-se, não se trata de ofertas de ocasião mas de preços permanentes, anunciados com grandes descontos no jornal diário. Em mais de uma página inteira há uma lista de preços com grandes descontos. Custamos a acreditar nos nossos olhos: tudo o mais é baratíssimo, da mesma forma que a manteiga e o Prosecco! Sinceramente, esses preços me fazem pensar. Não me sinto confortável com isso. Tomemos o exemplo da manteiga. Trata-se de um produto de qualidade, um produto saboroso. Essa preciosidade precisa ser vendida a um preço tão baixo? Como isso é possível? Pois a manteiga não cai do céu. Ela continua sendo produzida do leite, e o leite ainda vem das vacas. Essas vacas precisam de um estábulo. Precisam de forragem, muita forragem. Precisam de cuidados. Em intervalos regulares, precisam de um veterinário. Além disso, antes de darem leite elas também tomam leite – uma novilha leva mais de dois anos até que se torne uma vaca leiteira. O fabricante da manteiga precisa investir muito dinheiro e trabalho, para que possa usufruir do leite. E para fazer 250 gramas de manteiga ele utiliza vários litros de leite. Em outras palavras, o investimento em trabalho e os custos da produção da manteiga são muito altos. Dessa perspectiva, o preço irrisório anunciado é de causar indignação. Um preço ridículo, no verdadeiro sentido da palavra. Para nós, os consumidores, é um presente. Mas para o produtor é um desastre.

Esse preço ridículo significa, portanto, não só que a manteiga nada vale, como também o trabalho do produtor, do camponês, do fabricante da manteiga! Imaginemos se nosso próprio trabalho fosse remunerado tão miseravelmente. Faríamos greve, sairíamos pelas ruas, falaríamos de roubo à luz do dia. Com razão. E, abstraindo disso, quando os gêneros alimentícios nos são jogados nas mãos, perdemos o sentimento de como são valiosos. Lembro-me ainda do respeito com que, em nossa casa, se falava da "manteiga de boa qualidade". Naquela época ela ainda custava caro. Nós a espalhávamos cuidadosamente sobre o pão. E, antes da refeição, quando agradecíamos a Deus por suas dádivas, isso vinha do coração. Portanto, no que toca aos gêneros alimentícios, eu não olharia para o preço – em sinal de respeito à dádiva de Deus e em sinal de respeito ao trabalho que está contido neles.

A VIDA FICA MAIS RICA QUANDO SE TÊM IRMÃOS

Foi há algum tempo em Jerusalém. Eu estava num encontro com meus irmãos de Ordem da Abadia Dormitio, quando duas fotos apareceram em meu *laptop*. Uma amiga do tempo do colégio me escrevera. Tornara-se avó pela segunda vez e estava muito orgulhosa. Eu também precisava conhecer a beleza de neto que ela ganhara. Ele aparecia na primeira foto, o pequeno Martin, e tive de concordar: era uma gracinha. Um garoto realmente simpático. Pude imaginar a felicidade da avó.

Mas a segunda foto me tocou ainda mais. Mostrava Elisabeth, a irmãzinha de dois anos e meio, deitada ao lado do pequeno Martin e olhando-o amorosamente. O que ela estava pensando ou sentindo? Jamais saberemos. Mas uma coisa se pode dizer: sua vida vai mudar. A partir de agora ela não será mais o centro das atenções. No futuro seu irmãozinho vai acompanhá-la em seu caminho de vida. E Martin se tornará cada vez mais importante para ela. Pois com ele ela aprenderá muito do que as pessoas precisam saber quando querem ser bem-sucedidas na vida. Aprenderá a repartir – portanto, a ser generosa. Aprenderá a renunciar – portanto, a não ver sempre realizada a sua vontade.

Aprenderá a impor-se – portanto, a desenvolver uma saudável consciência de si. E aprenderá tudo isso porque não poderá ser de outro jeito. Elisabeth não poderá evitar seu irmão Martin por muitos anos. Não vai ser fácil. Vai haver briga, lágrimas vão rolar. É bom que ambos tenham pais. Uma mãe e um pai que conhecem a importância de um forte sentimento de comunidade.

Não, a partir de agora ela não ocupará mais o lugar central. Mas perceberá que, por meio de seu irmão, ficará mais rica em muitas coisas. Em algum momento tomará consciência disso e então ficará agradecida a seus pais por seu irmão. Um irmão, ou uma irmã, é um aliado para toda a vida. E quando os pais de Elisabeth algum dia se forem desta terra, espera-se que ela encontre em Martin alguém que lhe dê um apoio firme, como antes o pai e a mãe. Nesse sentimento de se pertencerem reside toda a força de uma família. Por isso julgo que ter irmãos é um dos presentes mais maravilhosos que Deus pode nos dar.

ABERTURA NEM SEMPRE É UMA BÊNÇÃO

Você é uma pessoa aberta? Aberta a tudo? Se não for, precisa abrir-se o mais depressa possível! Pois abertura é hoje algo esperado – por você, por mim, por todos. Quem não é aberto não é visto com bons olhos. Certamente será uma pessoa inacessível, preconceituosa e intolerante – algo que ninguém quer. Portanto é melhor aderirmos à opinião geral e acreditarmos que só uma pessoa aberta é uma pessoa de bem. Em outras palavras, uma pessoa acessível, destituída de preconceitos e tolerante.

Quando ouço que precisamos estar abertos a tudo, imagino uma pessoa aberta. Desenho uma imagem dela. E então vejo uma pessoa por quem tudo passa e em quem nada fica. Ela precisa engolir tudo o que vê e ouve. Precisa oferecer-se a tudo, porque não deve trancar-se. Mas também não consegue reter nada consigo. Precisa comentar tudo, divulgar tudo, porque é aberta. De uma pessoa aberta tudo sai tão depressa quanto entrou. Ela não consegue guardar nada para si. É permeável e transparente. Quando imaginamos a abertura dessa maneira, ela não é necessariamente uma bênção. Também pode ser uma maldição.

Por isso, às vezes prefiro as pessoas fechadas. Pessoas que podem guardar algo em seu coração. Que protegem o próprio interior de olhares e ouvidos estranhos. E que podem fechar os próprios olhos e ouvidos aos disparates e às tolices deste mundo. Pessoas fechadas têm muitas vezes uma lúcida opinião própria mas não precisam revelar-se constantemente. Elas têm algo a dizer, mas não fazem muita questão disso. Com isso elas se tornam inacessíveis, preconceituosas e intolerantes?

Certamente é bonito quando uma pessoa pode se abrir. A abertura pode nos enriquecer e nos libertar. Mas não é uma receita mágica para um mundo bom e pacífico. Quem está aberto a tudo deixa-se atravessar pelo sopro de todos os ventos. Não consegue oferecer resistência. E não chega à reflexão. Por isso é preciso que a pessoa de vez em quando se feche – e, às vezes, até mesmo se isole. Para que então, no silêncio, na conversa consigo mesma e na oração, primeiro ganhe clareza sobre si mesma. Não, não tenho nada contra a abertura. Mas, para um mundo bom e pacífico, as pessoas que ganharam mais compreensão sobre si mesmas são possivelmente uma bênção ainda maior.

AMAMOS REALMENTE O NOSSO PRÓXIMO?

O amor ao próximo é algo que nós, cristãos, escrevemos com grandes letras em nossas bandeiras. Mas o que é isso? As pessoas percebem em nós que amamos o nosso próximo? Notam isso em mim?

De algum tempo para cá, já não estou tão certo disso. Aconteceu numa manhã de domingo na igreja de Santo Anselmo. Na procissão dos monges, depois do culto divino, avistei, na parte de trás da igreja, uma mulher rezando de joelhos. Era uma de nossas empregadas. Ela tinha cruzado as mãos sobre o rosto. Uma pessoa modesta – era o que eu sabia dela. Faz a limpeza de nossas salas e corredores. O que estaria pedindo? Por sua família, talvez? Teria mesmo uma família?

Assustei-me ao perceber que eu nunca me fizera essa pergunta. Olhei para ela. Era de estatura pequena, um pouco roliça e tinha os cabelos lisos e compridos. Nenhuma beleza, realmente. E contudo: sempre que nos encontramos, ela me saúda educadamente e sorri. Seus olhos brilham então. Manifestamente ela me respeita. E eu? Respeito-a da mesma forma? Até agora eu acreditava que sim. Seja como for, respondo amavelmente à saudação dela, quando nos cruzamos eventualmente no caminho. Mas subitamente fiquei incerto sobre se realmente a vejo como uma pessoa do mesmo nível – como alguém que não tem menos valor do que eu. Ela executa um trabalho diferente do meu, é verdade. Isso salta aos olhos quando alguém nos vê: ela está lá com seu balde de limpeza, enquanto passo por ela com minha veste preta e a cruz de prata no peito. Mas isso são exterioridades – pelo menos, deveriam ser. Como ela se chama? Percebi que não sabia nem ao menos o seu nome. Embora o tivesse ouvido muitas vezes, não o gravara.

Nós, os cristãos, queremos salvar o mundo inteiro, pensei. Queremos mostrar a todo o mundo o que é o amor ao próximo. Mas onde fica esse mundo? Está diante de nosso nariz, é o pequeno mundo que nos rodeia.

Resolvi então, em primeiro lugar, informar-me sobre o nome dessa mulher e conversar com ela na próxima oportunidade. Quis saber mais sobre ela – afinal de contas, trabalha para nossa casa, do mesmo modo que eu. O que é portanto o amor ao próximo? Às vezes é, simplesmente, um interesse pelas pessoas que facilmente deixamos de perceber.

LIMITE DE VELOCIDADE PARA ADULTOS

Aconteceu numa rua de Roma. Enquanto eu procurava algo em minha bolsa, reparei no meio do rebuliço das pessoas uma senhora idosa. Ela poderia estar no meio dos 70 anos, uma figura pequena e magra, mas ainda com muita agilidade nas pernas. Com uma trela vermelha puxava um cãozinho peludo. Caminhava depressa em minha direção, e as perninhas do cão quase não a acompanhavam. Evidentemente o pobre animal desistira de lutar contra a velocidade de sua dona, e corria bem ligeiro com suas perninhas. Às vezes a trela se esticava, mas então a velha senhora dava um puxão e o cão voltava a correr. Fiquei com pena do cachorrinho, mas antes que eu pudesse dizer qualquer coisa, o cão e a mulher já tinham dobrado a próxima esquina.

Lembrei-me então da minha infância. Quantas vezes, naquela época, eu ia pela mão de adultos que me levavam mas nunca reparavam que minhas pernas eram muito mais curtas que as deles, e meus passos muito menores. Eu também tinha, muitas vezes, que correr como esse cãozinho, enquanto os adultos, os homens principalmente, forçavam a marcha com suas longas pernas. Eu tinha vontade de me soltar mas não conseguia tirar minha mão do punho firme do adulto.

De fato, é algo maravilhoso, quando somos crianças, sermos levados e conduzidos pela mão. Nesse momento percebemos que nos pertencemos, sentimo-nos seguros e protegidos, e não precisamos ter medo. Ser conduzidos é algo que aceitamos com gratidão, principalmente quando o ambiente nos é estranho ou o caminho é dificultoso. Mas, como adultos, adaptamo-nos também às crianças? Quando as tomamos pela mão e as conduzimos, precisamos adaptar-nos a elas. Não devemos sobrecarregá-las com nossa velocidade. Elas precisam de tempo – às vezes, de mais tempo do que queremos conceder-lhes.

Vocês certamente também já passaram por situação semelhante: as crianças não correspondem às nossas expectativas de adultos. Elas se mostram sonsas, têm algo diferente na cabeça, estão ausentes ou desinteressadas. O que vai ser delas? é o pensamento que ocorre aos adultos. Tenham paciência! Elas se desenvolvem surpreendentemente quando não as colocamos sempre sob pressão. Deus age exatamente da mesma forma conosco, os seres humanos. Ele nos conduz com muita paciência. E se o Onipotente nos dá tempo, seguramente não erraremos quando também não forçarmos nossas crianças.

FAZENDO MÚSICA CONTRA AS FORÇAS DA DESTRUIÇÃO

Com muita frequência acontecem na vida momentos de profundos abalos. Não apreciamos esses momentos nem os buscamos, porque eles nos revelam que um dia tudo acabará e nós mesmos necessariamente morreremos. Nenhuma felicidade é permanente – quem gosta de ser lembrado disso? Mas quando vivenciamos esses momentos de abalo, às vezes percebemos que o destino comum de termos de morrer nos une, como seres humanos, mais do que a felicidade. Certa vez, vivenciei isso de uma maneira particularmente intensa.

Em abril de 2009 comemorávamos na igreja de Santo Anselmo o aniversário de 900 anos da morte do nosso patrono, Santo Anselmo de Cantuária. Houve uma missa solene, um encontro sobre o pensamento desse grande homem de Deus e filósofo medieval, e para encerrar houve um concerto em nossa igreja, com uma orquestra da cidade italiana de Áquila.

Quando planejamos esse concerto, tínhamos pensado apenas na magnífica música de Antônio Vivaldi e Giovanni Pergolesi. Mas então, a 6 de abril, aconteceu o terremoto na região do Abrúzio, que destruiu a cidade de Áquila e muitas outras localidades menores. Todos os músicos da orquestra que tínhamos convidado sobreviveram – mas apenas porque na noite do terremoto eles realizavam um concerto em outra cidade. Muitos deles perderam suas residências, e alguns tiveram de suportar a morte de familiares. Nesse meio-tempo, moravam num acampamento fora da cidade ou tinham se alojado na casa de amigos e parentes.

Esses músicos tinham todo o direito de cancelar o concerto. Cada um deles teria entendido que, devido ao luto e à dor, não poderiam tocar. Mas eles compareceram e fizeram o concerto. Em suas palavras, a música se convertera para eles na linguagem da esperança. Até então eu já tomava a música como a linguagem do coração, que supera todas as fronteiras. Porém nessa noite brotou dela uma força que eu não imaginava ser possível. Cada acorde era a expressão de uma confiança comum, e cada ouvinte percebeu que a alegria iria triunfar sobre a dor, e a vida sobre a morte. A dor desses músicos comovera-nos profundamente. Tanto mais fortemente recebemos sua música como a mensagem de sua fé. E essa mensagem dizia que as forças da destruição jamais iriam predominar. Foi como se todos nós tivéssemos nos convertido em testemunhas da ressurreição.

O HORROR NÃO TEM A ÚLTIMA PALAVRA

Há alguns anos estive no Haiti. Dias e dias, montado no lombo de um burro, percorri estreitos caminhos montanhosos para alcançar aldeias afastadas, no norte da ilha. Foi uma aventura. Certa vez, durante uma missa, foi apontado para mim, pela janela, o cano de um rifle – mas continuei celebrando e nada aconteceu. Nessas aldeias da montanha, as pessoas pertenciam às classes mais pobres que existem, mas sua alegria era contagiante. Onde quer que eu chegasse, o entusiasmo reinava, e depois de cada missa havia uma alegre comemoração. Estas são minhas lembranças do Haiti.

Então veio o terremoto. Ninguém foi poupado. Até o arcebispo de Porto Príncipe foi soterrado, e sua catedral ficou em ruínas. Em tais emergências, também não existem privilégios para os cristãos, como se Deus fosse obrigado a afastar a desgraça daqueles que nele creem. Não. Também Cristo sofreu na sexta-feira da Paixão, também os cristãos sofrem quando todos sofrem. Deus não promete a seus fiéis uma vida melhor do que a de outras pessoas. Quem promete felicidade são apenas os falsos deuses, os deuses invocados pelos amuletos e pelos rituais mágicos.

Mas os cristãos, e apenas eles, têm algo diferente. Eles têm a Páscoa. Sabem que depois dos tormentos da sexta-feira vem a ressurreição. Que o horror não tem a palavra final. Que o desespero não tem a palavra final. Que nem mesmo com a morte tudo termina. Cristo ressuscitou. Por meio do sofrimento e da morte ele alcançou uma nova vida. E quem crê em Cristo irá experimentar o mesmo que ele. E nenhuma desgraça pode levar-nos a abandonar essa esperança.

O que é a fé? É uma esperança que se mantém, mesmo quando tudo ameaça desabar em volta de nós. É uma certeza de onde tiramos confiança quando mais precisamos dela. É uma força que nos impede de desistir quando a vida de repente parece sem sentido. O que fariam as pessoas no Haiti sem uma fé como essa? Comemoremos juntos essa fé durante a Páscoa. Em memória dos discípulos, que foram os primeiros a ter essa experiência: Jesus vive – a morte foi superada! E na lembrança dos haitianos, que hoje podem ter a mesma experiência na fé.

MINHA PEQUENA PENTECOSTES PESSOAL

Pentecostes – todos os anos a Igreja volta a comemorar essa grande festa, e cada vez menos pessoas sabem como lidar com ela. Você se lembra do que se trata? Trata-se da descida do Espírito Santo. Sim, está certo, mas o que significa isso? E o que tem a ver conosco? Eu poderia tentar explicar isso objetivamente. Poderia dizer, por exemplo: O Espírito Santo é aquela força que cria a união entre todas as pessoas. Ele nos abre os olhos para o fato de que todos somos irmãos e irmãs. O Espírito Santo não apaga as diferenças entre as pessoas, mas ajuda-nos a compreender que, como filhos de Deus, apesar de todas as diferenças, somos uma família. Nós, os cristãos, consideramos que essa compreensão é uma dádiva de Deus e festejamos Pentecostes como o dia em que essa dádiva nos foi feita.

Mas não quero limitar-me a esta explicação, mas contar--lhes uma vivência que tive na Índia. Foi durante um congresso com os superiores religiosos de todos os mosteiros beneditinos da Índia. Encontramo-nos em Vijayawada, uma cidade de peregrinos no leste da Índia, onde existem dois importantes santuários: um templo hindu e um local católico de peregrinação. Este último é dedicado à Mãe de Deus e surpreendentemente igualmente estimado entre os hindus, os muçulmanos e os cristãos. Num certo momento, no decurso de nosso encontro, fizemos um passeio a ambos esses lugares, e justamente nesse dia cerca de um milhão de peregrinos tinha se reunido na cidade.

Na subida para o santuário da Mãe de Deus, fiz uma parada numa igreja no meio do caminho. Queria apenas rezar comigo mesmo diante do altar-mor, mas eis que um indiano se aproximou de mim e me pediu a bênção. Quem era ele? Um cristão? Um hindu? Um muçulmano? Não dava para saber. Tanto fazia. Eu lhe impus as mãos, orei por ele – e em seguida fui cercado por homens, mulheres e crianças, cada vez em maior número, que também pediam a minha bênção. Mas por que essas pessoas vinham a mim? Em trajes civis, eu não me apresentava como um beneditino, nem mesmo como um sacerdote. Pois bem, eu os abençoei a todos, até que tive de prosseguir.

Nesse dia vivenciei minha pequena Pentecostes pessoal. Pois nesses minutos éramos todos irmãos e irmãs de fé na bondade e no amor de Deus – sem distinção de religião a que cada um pertencia. Partilhávamos o mesmo sentimento. E eu ficaria surpreso se o Espírito Santo não tivesse colaborado um pouco para isso.

O TOM DE CONVERSA QUE VEM DO CORAÇÃO

D*er Umgangston* – o tom do tratamento – é uma bela palavra da língua alemã, que talvez já esteja um pouco fora de moda. Vocês se lembram de como era apreciado entre nós, alguns decênios atrás, o bom-tom, o tom correto de se falar com as pessoas? Desde então essa palavra foi sendo progressivamente esquecida. E, de fato, talvez o nosso antigo tom de tratamento das pessoas fosse excessivamente educado. O tom atual da conversa é mais direto, menos tolhido, e ninguém mais o chamaria de bom ou correto.

Acho isso uma pena. Não porque eu seja contra um tom de tratamento mais moderno, mais direto. Mas será que ele precisa também tornar-se mais grosseiro, mais agressivo? Às vezes me assusta perceber como o tom do trato entre os jovens se tornou tão alto e tão rude. E às vezes chego a sentir arrepios quando percebo o tom mal-humorado que eventualmente prevalece no mundo do trabalho. Um conhecido me falou de uma construção onde os chefes só se dirigem a seus operários em tom de comando. Pedir algo a alguém é tido ali como sentimentalismo. Nesses casos penso com alguma saudade em nosso bom e antigo tom de tratamento. Pelo menos ele criava um clima de respeito e de humanidade.

Portanto, se não existe mais um tom correto de trato, sempre continua a existir um tom incorreto. Porém – graças a Deus –, percebo também, com bastante frequência, que também existe um outro modo, que é direto mas também cordial. Pouco tempo atrás, numa viagem de taxi para o aeroporto de Munique, por exemplo. Logo que tomei lugar, começou a conversa. Quem era eu? – quis saber o motorista. De onde vinha? Para onde ia? Sobre minha profissão ele não sabia muita coisa, pois era um muçulmano da Turquia. Mas logo me informou que sua filha frequentava um colégio de freiras católicas. Estava orgulhoso por mantê-la ali e chegou a incentivá-la a frequentar as aulas de religião. A Alemanha é um país cristão – me disse ele –, e não é mau que ela aprenda também valores cristãos para sua vida. Conversamos muito, às vezes em tom sério, às vezes fazendo graça, e na despedida ele me disse: "Geralmente os passageiros entram no taxi e não falam nada. Mas com o senhor a viagem realmente me deu muito prazer".

Da minha parte aconteceu o mesmo. Sim, pensei, ainda continua a existir um tom correto de conversação. É aquele que vem de um coração participante.

PAIS INDOLENTES SÃO BONS PAIS

Ser bons pais é muito simples? Educar os filhos não é tão difícil? Não é fácil acreditar nisso, mas é justamente o que afirma o autor inglês Tom Hodgkinson. E lhe dou razão.

Devo confessar que sempre tive uma certa simpatia pela educação antiautoritária. De fato, eu a considerei – e ainda considero – como errada, mas ela tinha uma vantagem: pais avessos à autoridade sempre confiam que seus filhos se darão bem sozinhos. Eles também permitem que seus filhos ajam livremente, horas a fio. Não precisam intervir constantemente corrigindo, consolando e recomendando. Acho isso bom, pois crianças que são deixadas em paz são crianças mais felizes. E com crianças felizes a gente se sai simplesmente melhor. O que diz Tom Hodgkinson a respeito disso? Ele afirma que pais preguiçosos são bons pais. Ele diz que na educação 'menos' significa 'mais'. Em que sentido ele diz isso?

Não se deve fazer demais, é o que ele quer dizer. A gente não deve sacrificar-se pelos filhos. Numa família a vida não deve girar em torno das crianças. Pais indolentes continuam a viver sua vida da melhor forma possível e deixam que seus filhos participem dela. Dessa maneira, aceitam que também as crianças queiram ter sua própria vida. Naturalmente, as crianças precisam de pais – mas não como educadores, não como vigilantes, não como cuidadores de tudo. Elas precisam de pais sobretudo como exemplos, a quem possam encontrar com amor e respeito. Mas pais agitados, aflitos, constantemente preocupados não são exemplos. Desses as crianças preferem ficar livres, assim que for possível. Pais indolentes, ao contrário, com sua serenidade, sua generosidade e tranquilidade, criam em casa uma atmosfera de liberdade. E as crianças precisam dela. Sentem-se entendidas por pais assim, e confiam neles. Também gostam de trabalhar com pais assim, e facilmente obedecem a eles.

"O decisivo no ofício de pais não é o que eles *fazem*", escreve Hodgkinson, mas que relação eles têm com sua criança. "O que importa é como eles *são.*" Em outras palavras: Os pais deveriam sobretudo educar a si mesmos – a ter paciência, uma amável serenidade, um respeito em relação aos próprios filhos. Eles vão perceber então que a educação delas de repente fica mais fácil.

ENERGÉTICOS E TEMERÁRIOS – DESSA MADEIRA SÃO TALHADOS OS SANTOS

Quem realmente ainda precisa de santos? Quem pode ainda hoje utilizar-se deles? Pois salta aos olhos que eles continuam presentes por toda parte, os santos, pelo menos nas regiões católicas da Alemanha. Continuam olhando para nós dos portais das igrejas, continuam firmes em seus pedestais, sobre suas fontes, sobre suas pontes e em seus nichos nas paredes das casas antigas. Portanto deve ter havido uma época em que eram imensamente importantes: os padroeiros, os que ajudavam em emergências, os santos para todas as ocasiões. Mas – o que devemos fazer agora com eles? Eles já não prestaram o seu serviço? Não é verdade que lá, nos portais das igrejas, poderiam estar igualmente quaisquer figuras lendárias?

Sim, eles já prestaram o seu serviço. Como autores de milagres, já prestaram o seu serviço. Não precisamos mais desses santos milagreiros que nos devolvem objetos perdidos, que nos chaveiros de automóveis nos conduzem seguramente através do trânsito, que protegem nossa casa de incêndios. Esqueçamos esses seres fabulosos e olhemos para os santos de um modo mais preciso. Um santo como João de Deus, por exemplo. Que tipo de pessoa ele foi?

Um vagabundo aventureiro – na primeira metade de sua vida. Nasceu em 1495 numa aldeia de Portugal, foi pastor, lutou contra os mouros, mais tarde fez fortuna como negociante. Certo dia foi tocado quando ouvia uma pregação da palavra de Deus. Colocou-se então a serviço dos enfermos, e é incrível o que ele realizou. Em Granada, na Espanha, construiu o primeiro hospital moderno. Providenciava a assistência médica. Cuidava pessoalmente dos doentes. Carregava os enfermos nas costas para o seu hospital. Acolhia também doentes mentais e os tratava como seres humanos. Resgatava prostitutas. Ricos patrocinadores de toda Espanha financiavam seus projetos, porque viam nele o amor de Deus atuando. Tinha 55 anos quando morreu, quando tentava salvar um jovem da inundação de um rio.

João de Deus conhecia a vida. Era um feixe de energia, um temerário – e ao mesmo tempo alguém que se aproximava de seus semelhantes, como Jesus Cristo. Dessa madeira é que são talhados os santos. E por isso ainda precisamos deles. Não como autores de milagres. Mas como exemplos que tornam visível o amor de Deus.

COMPREENSÃO COM QUEM DANÇA FORA DO COMPASSO

Como faz bem, quando a gente dança fora do compasso, não observa as regras e não recebe em troca olhares raivosos, movimentos irritados de olhos e comentários indignados mas, em vez disso, recebe compreensão e semblantes amáveis em torno de si! Como é agradável encontrar pessoas que conseguem colocar-se na situação da gente! Foi uma experiência que tive há algum tempo e ainda me causa prazer.

Naquele dia tudo começou dando errado. Eu estava no aeroporto Leonardo da Vinci, em Roma, na fila do balcão da Alitalia, e nada dava certo. Eu ia embarcar para Tel Aviv, e o tempo estava se esgotando. O que fazer? Dirigi-me a uma funcionária da Alitalia que passava por ali. Ela consultou o seu computador. Surpresa: meu nome não figurava na lista de passageiros!

Assim, que outra alternativa eu tinha além de comprar um bilhete? Por segurança, consultei mais uma vez meus prospectos de viagem e verifiquei que eu havia sido relocado para a empresa aérea israelense El Al. E agora? O voo devia partir em meia hora.

Tomo o ônibus de conexão, vou até o próximo terminal, encontro o balcão da El Al e me coloco no final da fila. De novo nada acontece, e de novo a fila é comprida. A senhora que está na minha frente também não sabe o que está acontecendo, mas me dá um conselho. "Vá simplesmente até o início da fila e pergunte à funcionária", diz ela. É o que faço. Passo por toda a fila, esgueiro-me por baixo da divisória – e ninguém protesta, ninguém se irrita comigo. Lá na frente encontro uma funcionária da El Al. Explico-lhe minha situação, e ela começa a fazer as perguntas habituais, com toda calma: "Foi o senhor mesmo que fez sua mala? Alguém lhe entregou alguma coisa?" E assim por diante.

Então um outro funcionário interfere na conversa. Interrompe o interrogatório, leva-me a um guichê livre e me entrega o cartão de embarque. Então chego ao controle de segurança. De novo uma longa fila, de novo não se anda para a frente. E de novo todos me deixam passar, logo que dou algumas explicações. Finalmente tomo lugar no avião, respiro aliviado e – me envergonho. Quantas vezes eu mesmo me irritei com pessoas que forçam passagem! E quantas pessoas nessa última hora foram compreensivas comigo! Isso também acontece. E faz um bem incrível.

PARA QUÊ O SER HUMANO ESTÁ NA TERRA?

"**O** senhor por acaso não acredita no céu?", perguntou-me alguém. Um cristão. Um teólogo católico. "Pelo contrário", respondi. "Eu acredito no céu." Então ele sorriu compassivo e mudou de assunto.
A vida eterna? Com esse assunto a gente pode tornar-se antipático a muitas pessoas. Alguns reagem realmente indignados. Coisa de criança! Consolo fácil! Isso não pode existir! Antes não ter objetivo na vida do que a felicidade eterna! Não, com a morte tudo passa – a maior parte das pessoas está convencida disso.
Mas eu me pergunto: De onde vem essa certeza? Como essas pessoas sabem que depois da morte não acontece mais nada? Não faço ideia. Não sei como elas podem ter tanta segurança nessa questão. Mas de uma coisa eu sei: quando abandonamos a fé numa vida depois da morte, condenamo-nos a uma vida que termina no nada. Precisamos então nos conformar com uma vida que vai terminar no vazio. E então só resta uma opção: extrair da vida o máximo possível, antes que o caixão seja baixado para a sepultura. Viver o mais depressa possível e levar, tirar e enriquecer o máximo possível. E antes

que a gente se dê conta, a insaciabilidade e a cobiça espalham--se como uma epidemia. Essa cobiça nós já a vivenciamos nos últimos anos, e continuamos a vivenciá-la. A cobiça é a doença de todos aqueles cuja vida corre para o vazio.

Mas sejamos honestos: Quem não quer saber de uma vida eterna também não conhece alternativa melhor. Ele apenas substitui uma fé por outra. Substitui a fé no céu pela fé na extinção definitiva. Troca a esperança pela desesperança. Critica os outros por se consolarem com uma ilusão e ele próprio se apega a uma ilusão. A uma ilusão mortalmente triste, no verdadeiro sentido da palavra.

Não, prefiro crer que minha vida vai terminar em Deus. Que depois de minha morte vou participar da glória eterna, com o Cristo ressuscitado. Por quê eu deveria abandonar toda esperança? E não posso imaginar um objetivo de vida mais belo do que essa promessa. Mas creio nisso também porque minha vida ganha sentido quando me oriento por esse fim. Então o importante não é tirar da vida tudo o que for possível, mas doar por amor tudo o que for possível. E estou convencido de que é para isso que o ser humano está na Terra.

UM ADESIVO PARA PROTEGER AS CRIANÇAS

Amar o próximo? Fazer o bem? Sim, certamente. Qualquer pessoa pode julgar esse empenho pelos fracos como um lado simpático do cristianismo. Mas por que razão nos vêm à mente apenas idosos, doentes e mendigos, quando pensamos no amor ao próximo? Por que o associamos, quase que automaticamente, a compaixão e misericórdia? A razão é que, provavelmente, guardamos na mente antigas imagens muito expressivas. De um São Martinho, por exemplo, repartindo seu capote com o mendigo desabrigado da rua. Ou do compassivo samaritano da parábola de Jesus Cristo, que prestou a primeira ajuda ao ferido na estrada, salvando-lhe a vida. Assim o amor ao próximo assume para nós um caráter de compaixão e de sacrifício pessoal. E logo visualizamos freiras em seus uniformes de enfermeiras, cuidando de doentes com uma abnegação incansável.

Mas o amor ao próximo pode manifestar-se também de uma maneira totalmente diversa. Não precisa ter algo de tocante. E também não precisamos esperar uma ocasião favorável para nos compadecermos. O amor ao próximo também pode consistir numa boa ideia ou numa iniciativa que promovemos, junto com outras pessoas: uma inspiração feliz que possa ajudar a muitas pessoas. Uma inspiração como essa tiveram duas mães que vivem numa grande cidade da Alemanha.

Quantas coisas assustadoras podem acontecer às crianças no caminho do campo de esportes ou da escola! Quantas coisas podem atemorizá-las. Talvez seja um súbito temporal, ou um homem de aparência estranha, um cão que rosna e as persegue. Ou talvez o fato de perderem a orientação, machucarem o joelho ou quererem fugir de jovens arruaceiros. Quem poderia ajudar nesses casos? Pensando nisso, algumas mães tiveram uma ideia que poderia ajudar às crianças. Para que essa ideia fosse posta em prática elas precisavam contar com a ajuda de algumas pessoas. Desse modo criaram um adesivo com o desenho de uma "mão que ri", e entraram em contato com alguns comerciantes de seu bairro como o padeiro, o dono da loja de ferragens entre outros, e logo viram que todos queriam colaborar. Muitos deles colaboraram colando o adesivo na porta de suas lojas. Quando veem esse adesivo, as crianças sabem que podem entrar na loja e que, com certeza, receberão a ajuda de que precisam. Uma boa coisa.

Essa é uma maneira diferente de demonstrar amor ao próximo: tomamos uma iniciativa, procuramos aliados, realizamos uma boa ideia. Isso torna o mundo um pouco mais cordial.

TRÊS MINUTOS PARA
VOLTAR A SI MESMO

O silêncio pode ser algo assustador. Aquele silêncio, por exemplo, que conheci em alguns mosteiros, onde os religiosos mais antigos não têm mais nada a dizer uns aos outros. Ou o silêncio do marido que está remoendo alguma coisa e, quando lhe perguntaram, continua absorto em seus pensamentos. Ou ainda o silêncio da namorada que se cala depois de uma briga e se recusa a responder, apesar das tentativas do namorado por uma conversa esclarecedora. Esse silêncio é gélido, e um silêncio gélido assusta.

Mas também existe um silêncio diferente, que é algo maravilhoso – um silêncio cálido, como poderíamos chamá-lo. Um silêncio que proporciona à pessoa a paz interior, de modo que ela volte a ouvir seus próprios pensamentos e a perceber a si mesma. Esse silêncio é praticado em vários mosteiros nossos por pessoas estressadas. Ele pode ser percebido quando as pessoas se sentam junto à fogueira num acampamento. A partir de um certo momento, ninguém mais se dispõe a falar. Um silêncio assim também pode ser encontrado na primeira série de um determinado ginásio alemão. Antes do início de sua aula, uma professora pede a seus alunos que façam silêncio. Durante três minutos – intermináveis três minutos. "E eles conseguem", conta ela. "No início isso exige das crianças um grande esforço, mas elas conseguem."

Posso imaginar como esse silêncio é difícil para as crianças. No mundo delas, cada uma fala e grita mais alto do que a outra, e sua urgência de comunicar-se não tolera limites. Graças ao celular, o fluxo da falação não se interrompe. Todo mundo pode saber de tudo, todo mundo precisa saber de tudo. Nos programas de televisão, as coisas mais íntimas são exteriorizadas. A falação continua até tornar-se ridícula para o público – pois qualquer coisa é preferível ao silêncio. É como se a pessoa fosse explodir se não colocasse constantemente tudo para fora. Como se no silêncio deixássemos de existir.

E, de repente, essas crianças precisam calar-se. Por três minutos precisam entrar em si mesmas. Para perceber que a vida continua quando o ruído cessa. Descobrir que cada um tem uma outra voz, uma voz interior. E que essa voz interior tem coisas a dizer que só dizem respeito a essa pessoa. Coisas sérias, talvez. Coisas importantes.

Esse silêncio é maravilhoso. Difícil e maravilhoso.

NÃO HÁ GARANTIA PARA A VIDA

"Não consigo rezar", dizia-me uma mulher que voltara a frequentar a Igreja. Estava convencida de que sua decisão fora acertada, e também assistia a missa regularmente e de boa vontade. Rezar, porém, era algo que ela não sabia fazer. Desaprendera com o correr dos anos, e lamentava isso.

Mas, graças a Deus, também é possível reaprender a rezar. Creio que o decisivo é a atitude interior. Antes de fecharmos os olhos e juntarmos as mãos, precisamos saber com clareza por quê rezamos. Devemos saber que um pressuposto para rezar é a humildade. Pois na oração entregamo-nos a Deus. Confessamos a nós mesmos que não somos donos da situação. Que não podemos ter garantia de nossa vida. Que, assim como as crianças dependem do amor de seus pais, nós dependemos da bondade de Deus, quer se trate do pão de cada dia, da saúde, da felicidade da família ou do casamento. Em outras palavras, precisamos começar livrando-nos da valorização excessiva que atribuímos a nós mesmos.

Depois, devemos saber que estamos nus diante de Deus. Da forma como somos. Da forma como talvez não gostaríamos de nos ver, porque achamos insuportável estar nus. E por que devemos fazer isso? Porque, quando nos expomos na oração ao olhar de Deus, expomo-nos ao olhar do amor. E então sentimos que não precisamos nos disfarçar. Que não precisamos nos iludir. Deus nos aceita exatamente como somos. Em outras palavras, aceitamo-nos tal como somos.

Então podemos fechar os olhos e juntar as mãos. Provavelmente será mais fácil no início recitar uma oração já pronta, preferivelmente em comunidade. Também nós, os monges, oramos assim, por exemplo, antes e depois das refeições. São preces de ação de graças com fórmulas estabelecidas. Para todos os cristãos existe o Pai-Nosso durante a missa. Posteriormente, a pessoa adota orações pessoais e reza com suas próprias palavras. Não existe aí algo que seja proibido falar. Tudo é permitido: o louvor e agradecimento, assim como o pedido e a queixa. Mas provavelmente o louvor e o agradecimento irão prevalecer pois, seja como for, a oração tem *um* determinado efeito. Ela nos leva a não considerar nada como natural, e a fazer mesmo da menor felicidade uma ocasião para agradecer. Rezar abre os olhos – só por essa razão já deveríamos rezar.

O LIVRE ACESSO À INTERNET E A ECONOMIA NAS PALAVRAS

Quando participava de uma reunião noturna num mosteiro espanhol, observei um monge mais idoso que no meio da conversa manejava o interruptor para diminuir a luz, no intuito de poupar energia. Lembrei-me então de meus colegas mais velhos no mosteiro de Santa Otília, que às vezes apagavam a luz na cara de alguém. O espírito de economia estava tão entranhado neles que, ao saírem de um quarto, automaticamente apagavam a luz, mesmo que outra pessoa estivesse entrando.

Antigamente eu me divertia com a economia dessas pessoas, como um tique inofensivo. Hoje a poupança de energia tornou-se um dos grandes temas da política. Dentro de pouco tempo só restarão à venda lâmpadas econômicas. A Europa se gabará de ser um modelo de economia de energia. Mas – estamos realmente preparados para economizar? Para limitar-nos? Para renunciar a certas coisas?

Penso no Irmão Adolf, nosso antigo porteiro em Santa Otília. Antes de fazer uma chamada telefônica, ele escrevia todas as palavras que queria dizer – simplesmente para reduzir a despesa. Para não dizer palavras supérfluas, para não falar um minuto a mais do que o necessário! Hoje, na época do acesso fácil à Internet, isso nos parece estranho. E muita gente acha uma exigência descabida economizar palavras ao telefone. Se formos honestos, precisaremos admitir que economizar não é importante para nós. Se o governo quiser, vamos colaborar, mas não por iniciativa própria.

Nesse assunto, boas razões nos aconselham a tomar como modelos aqueles velhos poupadores. Somos filhos do desenvolvimento. Crescemos com a ideia de que tudo pode ser acrescentado à vontade, de que tudo pode aumentar sempre: a produção, o PIB, o conforto, as cilindradas, a potência do automóvel. E de repente verificamos que a terra já não produz tanto quanto precisamos. Os recursos naturais são limitados. O crescimento não persiste eternamente. Agora precisamos economizar se queremos preservar o mundo para os nossos filhos. Precisamos nos lembrar de que o mundo é um presente de Deus e somos responsáveis por ele. E se raciocinarmos bem, a renúncia envolve até mesmo uma oportunidade de felicidade pessoal. Pois então poderemos nos converter a metas de vida em que a riqueza interior, a riqueza da alma, volte a ter tanta importância quanto a riqueza exterior, a riqueza material.

UM CONVITE AO MENDIGO DO COPO DE PAPEL

Nas manhãs de domingo você também se depara com ele, diante da porta da igreja? Falo do mendigo com seu copo de papel, ou do sem-teto com seu jornal. Por que ninguém o convida a entrar? Por que ao menos o pároco não vem até a porta, saudando-o e convidando-o a participar da missa? Será porque ninguém consegue imaginar um mendigo no meio de fiéis em trajes de domingo?
    Entretanto, foi justamente com essas pessoas que Jesus Cristo quis relacionar-se. Foi a elas que ele se dirigiu. Foi nelas que preferiu confiar que entenderiam sua mensagem. "Vinde a mim todos os que estais cansados e oprimidos, e eu os aliviarei." E nós, os cristãos? Não queremos nem mesmo sentar-nos ao lado dessas pessoas no banco da igreja?
    Na verdade, nossas igrejas durante a missa deveriam estar repletas desses mendigos, desses tipos andrajosos. Pois deveríamos tratar todas as pessoas do mesmo modo como Jesus Cristo o fez. Isso significa não fazer diferença entre ricos e miseráveis, entre bem-sucedidos e fracassados, entre o gerente de banco e o jovem drogado. Seja o que for que uma pessoa

represente na vida, ela deveria pertencer a nós, simplesmente porque também Jesus a trataria como um irmão ou uma irmã. Isso não tem sido fácil aos cristãos em nenhuma época. Mas eles o tentaram. Foi tentado, por exemplo, em Corinto, na comunidade do apóstolo Paulo, onde havia um choque entre contrastes sociais extremos. De repente, os donos de escravos teriam de tratar seus escravos como seus iguais! Sentar-se à mesma mesa com eles! Provavelmente trocar com eles beijos de saudação – o rico viticultor com seu servo, a elegante senhora com sua criada! Muitos ricos não suportaram isso. Mas é justamente isso, como escreve Paulo na Primeira Epístola aos Coríntios, que se exige dos cristãos. Que eles mudem radicalmente. Que pratiquem o amor de Deus, aceitando qualquer ser humano – mesmo o mais miserável – como um comensal, como um vizinho de banco, como um irmão ou uma irmã. Leia a Primeira Epístola aos Coríntios, e veja que importância Paulo atribui ao amor. E talvez da próxima vez, você simplesmente convide aquele mendigo, com seu copo de papel na porta da igreja, a entrar.

"NÃO SE ESQUEÇAM DA ORAÇÃO!"

Há algum tempo, quando fiz uma nova visita à Coreia do Norte, o prefeito de uma cidade convidou-me para um jantar, junto com meus acompanhantes. Sentamo-nos no restaurante e, quando foram servidos os primeiros pratos, o prefeito nos disse: "Por favor, não se esqueçam da oração".

Quase não acreditei em meus ouvidos. Mas ele realmente dizia isso a sério. Por minhas visitas anteriores, ele sabia que rezamos antes de comer. Naturalmente sabia que éramos cristãos e beneditinos. Evidentemente, respeitava nossas convicções e nossa fé. Para ele, isso não é uma prática ridícula, antiquada ou constrangedora. Como a oração significava algo para nós, ele respeitava isso e talvez isso significasse também algo para ele.

Rezar em público... Preciso confessar que isso é mais fácil para mim naquele país comunista e ateu do que na Alemanha. Também aqui, em nossa pátria, em almoços comemorativos, sou frequentemente convidado a dar a bênção à mesa. Mas sinto às vezes uma inibição para fazer o sinal da cruz num restaurante e rezar antes de comer. Por que acontece isso? Por que fico constrangido, por que nos constrangemos de nossa fé? Não se trata absolutamente de evangelizar outras pessoas ou de representar um espetáculo piedoso. Será possível que entre os comunistas norte-coreanos possamos esperar mais respeito às coisas da fé do que entre nós na Alemanha? Pois é natural para mim dar graças a Deus pelas boas dádivas que ele nos concede, bem como às pessoas que as preparam e nos servem. Na verdade, de bom grado peço a Deus sua bênção. E – caso nos lembremos –, antigamente a oração à mesa também era comum entre nós, pelo menos nas famílias. Hoje essa oração pertence às numerosas boas tradições que simplesmente esquecemos. Por isso me associo aqui ao prefeito norte-coreano e peço a vocês: "Não se esqueçam da oração"! Pois a oração à mesa é um sinal de nossa gratidão a Deus pelas dádivas da criação e pela participação na ceia. Ou será que, junto com a oração, abandonamos também a gratidão? Deveria um norte-coreano entender melhor do que nós que uma mesa bem servida é um motivo de gratidão?

O CONTENTAMENTO DE ARRANCAR EM COMUM ERVAS DANINHAS

De minhas viagens à China e à Coreia do Norte trago recordações que me ocupam agora. As condições de vida lá são diferentes, a cultura é diferente, e às vezes tomo consciência de tudo que esquecemos e desaprendemos aqui, no mundo ocidental.

Em minha última viagem à Coreia do Norte, minha atenção foi despertada por um grupo de mulheres ocupadas em extirpar ervas daninhas de uma plantação de couves. Comecei a refletir. Perguntei a mim mesmo: Será que essas mulheres estão infelizes porque não trabalham em sua propriedade particular? Ou já se acostumaram ao sistema comunista dos colcoses, adaptaram-se a ele e vivenciam aí um sentido de comunidade e uma sensação de se pertencerem? Talvez elas não estejam tão insatisfeitas como gostaríamos de imaginar.

Nesse momento lembrei-me de um artigo que li numa revista durante meu voo para a Ásia. Ele questionava se a vida cotidiana na extinta República Democrática Alemã (RDA) não tinha o seu valor, e se lá não eram tidos em alta conta valores que depois da reunificação se atrofiaram. Pois isso realmente existiu nesse país, o sentimento de comunidade, a solidariedade de uns com os outros e um estilo de vida mais calmo e relaxado. Isso era mau? Era pior que essa guerra individual moderna de todos contra todos, essa dança em torno dos numerosos bezerros de ouro de nosso mundo consumista? Não haverá realmente nada que nos proporcione mais felicidade do que uma sociedade competitiva e egoísta? Naturalmente, o sistema político da antiga RDA era mau, e ninguém deseja o retorno da infantilização pelo Estado, da constante vigilância e da falta de liberdade. Mas posso entender meus concidadãos da Alemanha do leste quando lamentam a perda dos valores do tempo antigo, enquanto eles sentem em nossa sociedade ocidental a falta do sentido de comunidade e da solidariedade. De fato, há outros matizes entre o branco e o preto. A experiência das pessoas de que se mantiveram juntas em condições difíceis pertencerá sempre às mais belas recordações da vida. Por isso não consigo deixar de pensar nessas mulheres num campo da Coreia do Norte. Elas me lembram que o individualismo e o egoísmo constituem apenas uma parte de nossa natureza humana. A outra parte, porém, anseia por comunidade, solidariedade e prontidão de ajudar. Também entre nós.

BELEZA NÃO É ALGO SEM IMPORTÂNCIA

Há algum tempo aceitei um convite para visitar o mosteiro de Camaldoli, onde deveria fazer uma saudação a uma assembleia. Esse mosteiro está situado numa região montanhosa a sudeste de Florença. Foi fundado no século XI por São Romualdo, e seus monges vivem muito isolados, quase como eremitas.

A paisagem em torno é soberba, mas o lugar é solitário, muito solitário. Você poderia passar férias aqui – pensei comigo mesmo – mas viver aqui? Tão retirado, tão distante de todas as coisas do mundo? Jamais. Outras pessoas podem sentir-se chamadas a isso, você não. Então, passeando pelo mosteiro, cheguei ao claustro.

Ele estava inundado pela luz do sol. Da encosta da montanha que ficava por trás, descia até mim o verde exuberante e suculento das árvores.

No meio jorrava um chafariz. A grande área quadrada interna estava disposta como um jardim, bem cuidado e repartido em vários canteiros que se estendiam até o chafariz – e numerosas flores resplandeciam com todas as suas cores sob a luz do sol. Então meu olhar pousou nas colunas do claustro.

Eram colunas no estilo grego antigo, ligadas entre si por arcos elegantes e delicados. O todo fluía num ritmo maravilhoso, em perfeita harmonia. Quando vi isso lembrei-me dos soberbos jardins dos mosteiros do zen-budismo no Japão. E de repente eu quis ficar ali. Quis ficar sentado ali, esquecer o tempo e simplesmente contemplar, acolhendo em mim a luz e toda a beleza. De repente, pude entender que alguém pode perfeitamente passar a vida num lugar assim. A beleza nos faz reconciliar com a solidão. Também nós, beneditinos, sempre soubemos disso. Muitos de nossos mosteiros são obras de arte, construídos de tal maneira que nos sentimos bem neles. Beleza e harmonia são coisas de que o ser humano necessita. Ambas o fortalecem em sua humanidade – talvez pelo fato de que beleza e harmonia deixam pressentir algo da beleza e da majestade de Deus.

Contudo, não me foi concedido gozar por mais tempo dessa visão, pois precisava voltar para Roma, para o aeroporto. Desde então, porém, anseio pela visão daquele claustro. Os poucos minutos ali me enriqueceram. A beleza não é algo secundário, estou certo disso. Não é algo que possamos negligenciar.

UMA EXPERIÊNCIA PARA PESSOAS SEM MELINDRES

No início de agosto reina o total silêncio no mosteiro de Santo Anselmo em Roma. Professores e estudantes estão de férias. Apenas os operários martelam acima de nosso telhado. Eu mesmo adiei para o ano seguinte uma longa viagem ao exterior. Preciso de descanso. Finalmente posso dedicar-me à correspondência em minha escrivaninha. É maravilhoso ter algum tempo para mim mesmo e gozar a tranquilidade. Uma coisa, porém, me faz falta agora: nossa oração coletiva em coro. Fora dessa época reunimo-nos quatro vezes ao dia na igreja, para cantar os salmos. Mas para isso é preciso haver pelo menos uma dúzia de companheiros, e nesses dias não conseguimos tantos. Para ajudar a mim mesmo, depois da ducha matinal eu me sento, pego o breviário e tomo tempo para começar o dia com Deus. O breviário também contém os salmos. Depois de tantos anos eu quase posso recitá-los de cor.

Seus versículos evocam imagens em mim. Os salmos são para mim poemas numa linguagem forte e expressiva. "O Senhor é o meu pastor, nada me faltará...", diz-se no Salmo 23. E o Salmo 42 começa com estas palavras: "Como suspira a corça pelas correntes das águas, assim, por ti, ó Deus..." Nesses salmos, pessoas que viveram há 2500 anos ou mesmo antes, em épocas perigosas e turbulentas, descrevem e cantam suas experiências com Deus. Eram pessoas sem melindres, pessoas de sentimentos fortes. Elas exultam quando querem expressar sua alegria ou sua gratidão. E também imprecam e choram quando ficam sem alternativas. Às vezes chegam a queixar-se de Deus "porque nos esmagares onde vivem os chacais e nos envolveres com as sombras da morte", como se lamenta diante de Deus o poeta do Salmo 44. Mas o maravilhoso é que no final, até mesmo do Salmo mais raivoso, o autor se confia à bondade de Deus. A esperança triunfa sempre sobre o desespero.

Quando leio os Salmos percebo a presença de Deus. Depois disso sinto-me fortalecido para tudo o que o novo dia possa trazer consigo. Por que vocês não fazem a mesma experiência com os Salmos? Pois todos nós podemos precisar de forças. Quando tiverem algum tempo, tomem simplesmente um Salmo. Porque nos faz bem ler sobre o triunfo da esperança.

O CORAÇÃO DE PEDRA RELUZ E CANTA

Diante de mim, sobre a escrivaninha, estão pedras. São autênticas lembranças que eu trouxe de minhas viagens. Cada uma delas lembra-me determinado país, certas pessoas, o lugar onde a recolhi. Esta aqui veio de Paektusan, a montanha sagrada dos coreanos, com seu lago de brilho azulado sobre uma cratera. Aquela outra veio das montanhas a leste de Roma, onde viveu São Bento, há 1500 anos. Também tenho algumas pedras rosadas que encontrei numa praia. O mar poliu-as em formas redondas ou ovais. À noite, quando cai sobre elas a luz de meu abajur, começam a brilhar. Então deixo o trabalho por algum tempo e as contemplo. E enquanto as contemplo, elas ficam cada vez mais bonitas. Eventualmente falo com essas pedras ou entoo em voz baixa uma canção que me ocorre. E, de repente, é como se as próprias pedras começassem a cantar. Preciso apenas escutar atentamente.

Não nos acontece, em relação às outras pessoas, algo semelhante a essas pedras? Uma pessoa entra no escritório de manhã com a cara amarrada, diz um "bom dia" mal-humorado e meio engolido e no resto do dia fica totalmente muda. Alguma coisa não deu certo para ela, algumas preocupações a incomodam. Talvez ela tenha também um caráter reservado, talvez precise forçar-se para sorrir. De qualquer maneira você só tem um desejo: sair do caminho dela. E justamente isso você não vai fazer desta vez. Você se aproxima dela e não se deixa contaminar por seu mau humor. Você lhe pergunta muito amavelmente se algo não vai bem com ela. Pode ser que ela então mergulhe ainda mais profundamente em si mesma. Mas talvez fique contente por ter sido atraída para fora de sua prisão interior. Fale com ela, interesse-se por sua história, projete nela a sua luz. Quem sabe, pode ser que se ilumine o seu semblante carregado, e talvez você veja uma luz em sua fisionomia.

Na Bíblia existe uma bela expressão para esse resgate da rigidez interior: o coração de pedra que volta a transformar-se num coração de carne. Você mesmo tem a força para mudar uma pessoa, pelo menos por um momento, possivelmente por um dia inteiro. Pense apenas no meu abajur e nas pedras brilhantes que cantam.

NÃO É FÁCIL SER FIEL A UM DOENTE

Algumas vezes preciso achar graça. Já me tornei de algum modo um cidadão romano, pois passei quase vinte anos nesta cidade. Não obstante, provavelmente nunca me acostumarei totalmente aos hábitos italianos. Por isso entendi perfeitamente a queixa de um colega do mosteiro de Santo Anselmo, que estava internado, gravemente enfermo, numa clínica de Roma.

Havia três semanas que não pregava os olhos, queixou-se ele. À noite mal conseguia dormir porque seus dois companheiros italianos de quarto constantemente se mexiam, assoavam ruidosamente o nariz e gemiam. E durante o dia também não tinha descanso, porque regularmente aparecia ali a metade da parentela dos vizinhos.

Conheço bem esse tipo de situação. Eu também gosto de ter um pouco de sossego quando fico doente. Mas talvez essa seja uma necessidade que apenas os alemães sintam, ao contrário dos italianos. Lembro-me de minha primeira internação num hospital romano nos anos 70. Inicialmente fiquei num salão com sessenta leitos, e não me esqueço do tilintar das próteses dentárias que caíam nos copos por volta das nove da noite, quando se apagavam as luzes. Posteriormente fui transferido para um aposento com duas camas. Quando meu vizinho estava para ser operado, avisei ao mosteiro de Santo Anselmo que não me visitassem naquele dia, pois o homem precisava de descanso. Nem queiram saber o que aconteceu! No dia da operação nosso quarto ficou apinhado com toda a parentela e os amigos do recém-operado. Foi bom que ninguém viesse me visitar, pois naquele quarto não caberia mais ninguém.

Em muitos países é natural não se deixar uma pessoa sozinha nas horas de necessidade. Nos hospitais africanos de minha Ordem, por exemplo, instalamos fogões especialmente para uso dos familiares dos pacientes. Dessa maneira, os visitantes que queiram passar lá o dia inteiro podem preparar para si mesmos uma refeição quente. Talvez nesses países isso seja excessivo para alguns pacientes. Mas a situação dessas pessoas é bem melhor que a daquelas em condições semelhantes na Alemanha. Com muita frequência ouço que os pacientes entre nós são simplesmente esquecidos, principalmente quando se prolonga sua internação nos hospitais. Ninguém mais aparece – seja porque as pessoas se sentem sobrecarregadas ou inseguras diante dos acamados, ou porque o pensamento na doença é desconfortável para elas. Sim, realmente se exige alguma coragem para manter a fidelidade a uma pessoa doente – como, de resto, sempre que se trata de amor ao próximo. E por essa coragem diária e natural, eu amo os italianos, apesar de tudo.

ANJOS DA GUARDA SORRIDENTES

Com toda a franqueza, não sou um grande amigo de reuniões e conferências. Nelas um orador simplesmente repete o que já foi dito há muito tempo, um outro desenvolve assuntos sem importância, um terceiro não sabe como terminar. Não, muitas vezes isso não é particularmente edificante, e às vezes eu luto contra o sono, especialmente depois de uma longa viagem. Isso voltou a acontecer num dos últimos encontros internacionais de que participei.

Dessa vez, contudo, o encontro não se realizou num salão de conferências sóbrio e moderno, mas num prédio antigo e venerável. Enquanto o orador seguinte se aproximava da mesa, meu olhar passeava pelas obras de arte nas paredes e finalmente se fixou numa coluna românica. Lá de cima um anjo me encarava. Tudo que vi dele foi um rosto entre duas asas amplamente estendidas. Um anjo da guarda – passou-me pela mente –, pois ele dava a impressão de querer abrigar-me com suas asas. Então reparei como era bonito o seu rosto. Seu semblante era alegre, seu olhar amoroso, e ele sorria – sim, ele sorria para mim. Quem teria cinzelado esse rosto na pedra informe? – perguntei a mim mesmo. Esse artesão devia ter sido não apenas um conhecedor, devia ter tido também um coração cheio de amor. Desse amor ele tinha dado uma boa porção ao seu anjo. Agora, séculos depois, esse amor ainda permanecia no mundo, e continuava resplandecendo no semblante do anjo.

O trabalho que o artesão tivera e o cuidado que deixou predominar nele valeram a pena. Ele não se incomodou em acabar logo e entregar algo passavelmente utilizável. Trabalhara com dedicação – como muitos outros artesãos da Idade Média. Lembrei-me do altar-mor gótico de uma igreja de Toledo, na Espanha, um maravilhoso trabalho de entalhe em madeiras de diferentes tonalidades. Nas inscrições medievais, pintadas em cores maravilhosas, tinham trabalhado também monges e freiras, durante vários anos. Quanta dedicação, quanto amor tinha se infiltrado nessas obras! Amor à arte, sem dúvida. Mas, principalmente, amor a Deus. Todas essas obras de arte existem apenas porque os artistas naquela época davam o seu melhor para glorificar a Deus. Se ponderarmos isso, Deus poderá encontrar-nos também no semblante risonho de algum anjo de pedra.

CRIEMOS UM MUNDO ONDE NEM TUDO SEJA POSSÍVEL

Existe algo podre em nosso país. Um homem é pisoteado até a morte por jovens em plena luz do dia. Um aluno em sua escola lança em torno de si coquetéis explosivos. Meninas de 12 anos se embebedam na Oktoberfest de Munique até desmaiar. E nessa mesma festa, já no primeiro dia, ocorrem oitocentos atos de violência e sessenta detenções, e quase todos os perpetradores são jovens. Os psicólogos, quando são questionados a respeito, falam de uma crescente desinibição entre os jovens. Algo está podre. Mas o que é?

Quando reflito a respeito disso, lembro-me de uma conhecida propaganda de uma marca de automóvel, em que um macaco canta: "Nada é impossível!" Vocês certamente se recordam. Como lhes soou isso naquela ocasião? Como uma mensagem promissora? Como se tudo fosse ficar cada vez melhor e cada vez mais bonito? Ou talvez não tenhamos dado a devida atenção naquele momento? Pois "nada é impossível" é na verdade uma mensagem que assusta. Ela pode significar igualmente que todas as barreiras podem ser derrubadas, todos os limites podem ser ultrapassados. E então *eles* não poderão mais ser contidos: todos aqueles que têm raiva dos outros ou raiva de si mesmos; todos aqueles que sonham com a violência e querem converter em realidade os seus sonhos.

Nada mais é impossível? Que coisa assustadora! Por que não estremecemos na época, ao ouvir o macaco da propaganda? Será porque já estávamos acostumados a considerar todos os limites como supérfluos e todas as barreiras como obstáculos incômodos? Ou porque muitos entre nós confundem liberdade com ausência de limites? Pois há muito tempo vem aumentando o número de pessoas que não aceitam mais para si mesmas limitações ou regras. Queremos um mundo onde tudo seja possível? Agora o temos.

Não, nossas crianças não são culpadas quando tomam o caminho da violência e do álcool. Nós, os adultos, é que somos culpados. Em nosso tempo as barreiras já se romperam – as barreiras da decência, do autocontrole e do respeito. Dificilmente ainda valemos como modelos para nossas crianças. Mas não será possível aprender com os próprios erros? O que nos impede de levantar novos diques? Vamos agora juntos dedicar--nos, com a ajuda de Deus, a criar um mundo onde nem tudo continue sendo possível.

A DAMA SÁBIA E O VENDEDOR DE MELANCIAS

Muitas romanas idosas se valorizam muito. Quando saem, cuidam de sua aparência. Pintam-se, arrumam cuidadosamente o penteado, colocam seus adereços. São damas e querem ser vistas e consideradas. E também se movimentam da mesma maneira. Com passos medidos e de cabeça erguida, atravessam as ruas de Roma, no meio do tumulto caótico do trânsito. E todos as respeitam, ninguém buzina. Elas têm estilo, e estilo é sempre algo muito apreciado em Roma.

Mas elas não têm apenas estilo. Têm também humor. Conseguem rir de si mesmas. Por exemplo, aquela senhora idosa no supermercado que fica na quadra onde moro, aqui em Roma. Com todo o aprumo e beleza, ela se dirige ao estande das iguarias – inicialmente, apenas para um longo papo com o vendedor. Naturalmente ele já conhece todas as histórias dela, mas... não só de pão vive o homem. Então ela passa a escolher suas compras. Prova o pernil – pois não deve estar salgado demais. Depois experimenta o queijo, para provar se está suficientemente curado. Em seguida cheira a melancia, procura o *radicchio* e a rúcula. Cada coisa é escolhida individualmente, como uma preciosidade. E depois que a senhora pagou suas compras, colocou os pacotes em duas bolsas e está a ponto de sair, o vendedor exclama às suas costas: "Ciao, bella"!

Mas é possível traduzir isso? A frase correspondente em alemão poderia soar como irônica. Aqui, contudo, a intenção foi de um autêntico cumprimento, cheio de reconhecimento e também de humor – como se o vendedor ainda enxergasse nela a bela moça que ela tinha sido há muito tempo. E como reagiu a velha senhora? Com um sorriso ela lhe dirigiu uma única palavra: "Magari..." – "Seria bom!..."

Como se entenderam bem esses dois! Ele teve olhos para ela e leu em sua alma o desejo de juventude e beleza. E ela sentiu-se reconhecida mas assumiu ambas as coisas: seu desejo de beleza e o fato de que seus melhores dias já tinham ficado para trás. Todo o drama de uma vida resumido em três palavras! A velha dama não cultivava ilusões. Ela sabia que no decurso da vida precisamos despedir-nos de muitas coisas. Mas conseguia – talvez com alguma saudade – sorrir para isso. Sou tentado a crer que essas pessoas são sábias.

À PROCURA DO GRANDE MISTÉRIO QUE SE CHAMA DEUS

Algo especial acontece comigo. Encontros casuais com desconhecidos são justamente os que perduram na minha lembrança. Na maioria das vezes eles me proporcionam surpresas, e frequentemente me fazem pensar. Um desses encontros ocorreu há poucos meses, num voo para a Croácia – mais precisamente, para Zagreb.

Eu estava sentado, e como era a hora da oração da noite, tirei da bagagem de mão o meu breviário e comecei a ler. Entretanto não consegui avançar muito, pois de repente um garoto croata de 12 anos, sentado ao meu lado, começou a fazer uma série de perguntas. "Que tipo de livro é esse?" – perguntou-me em seu inglês de escola. "Um livro de oração" – respondi, e olhei para ele. Saberia o garoto o que significa isso? Oh, sim. Ele confirmou com a cabeça, tinha entendido. "Oração" certamente não era uma palavra desconhecida para ele.

Então ficou plenamente desperto e continuou com suas perguntas: De onde eu vinha? Morava em Roma com o Papa? Conhecia a Croácia? Quando ficou sabendo que eu fazia muitas viagens pelo mundo, enumerou todos os países que conhecia, e a cada vez queria saber se eu já tinha estado lá. "E na

China, o senhor já esteve lá?" Sempre que eu respondia afirmativamente, ele abaixava a cabeça, desapontado. E quando mencionava um país onde eu não havia estado, erguia o punho em sinal de triunfo. Sua mãe, sentada ao lado do garoto, sorria. Estava bem orgulhosa dele.

De qualquer maneira eu também teria me orgulhado dele. Bem, ele me impedira de rezar – mas que garoto simpático, com sua curiosidade, sua sede de saber, sua descontração! Tenho a impressão de que é cada vez mais raro encontrarmos pessoas ávidas por conhecimento. Muitas delas, mesmo jovens, dão a impressão de que sabem tudo. Caminham pelo mundo com uma cara que parece dizer: "Vocês não tem mais nada para me ensinar. Não sou um marinheiro de primeira viagem".

Mas nós, os monges, parecemo-nos mais com esse garoto croata. Também somos impelidos pela curiosidade: a curiosidade sobre Deus. Somos buscadores durante toda a nossa vida. Isso surpreende vocês? Acham que, pelo menos, deveríamos saber quem Deus é, e como ele é? Não. Deus continua sendo o grande mistério, mesmo para nós. Nós perguntamos, buscamos, lutamos, talvez até mesmo brigamos com Deus. Ninguém jamais pode controlá-Lo. Mas esse esforço não é sem sentido. Pois no caminho para Deus aprendemos o que significa amar. Amar os seres humanos. Amar a criação. Amar a vida. Amar Deus.

QUANDO AS PESSOAS SE ESQUECEM DE SI

Em minha última viagem à Croácia fui lembrado de que nós, seres humanos, estamos sempre caindo em desvios. Então nos entregamos ao nosso desprezo, à nossa raiva, matamos a sangue frio ou aniquilamos com um ódio destruidor. Ninguém está imune de esquecer-se de si mesmo. Depois dos fatos acontecidos, vimos a saber que quem promoveu o banho de sangue foram pessoas tidas como totalmente inofensivas ou como amorosos pais de família.

Aqui, na Croácia, tive diante de meus olhos um exemplo da fúria da destruição humana: a igreja das freiras em Zadar. Dessa joia da arquitetura barroca só restaram pedaços de muros, depois que foi atingida por granadas na última guerra dos Balcãs. Nesse meio-tempo ela foi reconstruída e cuidadosamente restaurada em sua antiga beleza, e apenas as fotos das paredes nos lembram ainda os efeitos da destruição pelas bombas. Essas fotografias nos fazem lembrar das cidades alemãs depois da Segunda Guerra Mundial. De Munique, no sul, a Rostock, no norte, passando por Colônia – para não falar de Dresden –, a paisagem foi bem semelhante.

O que impele as pessoas a destruir com um prazer diabólico o que outras construíram? Nem mesmo as mais belas obras de arte e os monumentos detêm a fúria destruidora. É um absurdo. E nos faz chorar quando pensamos em todo o mal que se comete contra as pessoas nas guerras, e nos agravos físicos e psíquicos que lhes são impostos. Contudo, antes de condenarmos outras pessoas, não experimentamos nós mesmos esse prazer diabólico na destruição? Nunca destruímos uma amizade, um amor, uma esperança? O que nos impeliu a isso?

A melhor resposta a essa pergunta, em minha opinião, foi dada por Jesus Cristo. Somos especialmente sujeitos, disse-nos ele, ao sentimento de triunfo que se apodera de nós quando destruímos outras pessoas. Queremos pertencer aos vencedores, custe o que custar. Mas triunfar significa aniquilar, vencer significa destruir. Por isso não pode haver paz enquanto houver vencedores e vencidos. E então Jesus mostra o único caminho que faz sair desse círculo vicioso: o amor. Pois o amor é mais forte que o ódio. O amor é absolutamente o poder mais forte. Ele vence até mesmo o prazer diabólico no triunfo. Quem ama não quer mais vencer. Para mim, esta é a mais bela das mensagens.

"QUE SE DANEM OS RICOS!"

O sentido da vida? Para algumas pessoas isto não é um problema. Elas estão no mundo para irritar-se com ele. Não apenas com seus semelhantes – como realmente fazem – mas também com as situações. Estão sempre profundamente indignadas, levam pessoalmente todas as injustiças da Terra e, se lhes fosse permitido agir, julgam que a humanidade estaria cem vezes melhor. Então teríamos rapidamente no mundo paz e justiça. Não haveria mais enganos, mentiras e trapaças, e não precisaríamos mais ficar vigiando a prateleira dos legumes.

Eu imagino que, se Jesus tivesse deixado que essas pessoas corrigissem antecipadamente o Sermão da Montanha, não estaria ali: "Bem-aventurados os pobres", mas sim: "Que se danem os ricos"! Em vez de: "Bem-aventurados os mansos", ali estaria: "Prisão perpétua para todos os violentos"! É curioso que o próprio Jesus não tenha tido essa ideia. Afinal de contas, ele também considera a riqueza como algo perigoso. E também não tolera a violência. E, apesar disso, ele não tem palavras duras para os culpados, mas um monte de palavras bondosas para os inocentes. Por quê?

O que falta em Jesus é a indignação. Essa indignação moral contra o mal. E essa raiva contra todos os que têm opiniões diferentes das nossas. Jesus não condena, embora esteja longe de aprovar tudo. Ele faz algo muito mais sensato, muito mais cordial: encoraja os que precisam de encorajamento. Fortalece os que suscitam esperanças. Ele se vale mais dos bons modelos do que dos maus modelos. E sobretudo: ele age, em vez de queixar-se.

Pois a indignação é a reação daqueles que olham sem fazer nada. Daqueles que, no máximo, comparecem a protestos, para mostrar que pertencem aos bons. Mas não basta ter a posição correta. Mesmo quem tenha a posição mais pacífica não pertence aos bons enquanto não a colocar em ação. Enquanto não mostrar coragem civil quando alguém é ofendido em público. Enquanto não interferir quando alguém for atacado, e não acudir à necessidade de alguém. Então a indignação cede espontaneamente, pois a pessoa tem algo melhor a fazer do que trombetear suas nobres intenções. Ela não precisa mais demonstrar constantemente que é uma pessoa de bem, pois será de fato uma pessoa de bem.

A ORAÇÃO COMO ALGO INCONDICIONALMENTE DESEJADO

Pode uma oração ofender outras pessoas, provocá-las ou ferir seus sentimentos? Uma oração prejudica a ordem pública? Ameaça até mesmo nossa liberdade? Tolice – diria eu. No entanto, a diretora de uma escola de Berlim julgou que estava defendendo a liberdade quando proibiu a oração. Alguns alunos muçulmanos da escola aproveitaram o intervalo entre as aulas para rezar. Estenderam no chão seus casacos num canto afastado de um corredor e prostraram-se diante de Deus. E o que aconteceu? Uma professora alarmou a diretora, que interveio. Rezar nas dependências da escola não é tolerado – disse ela – e pode motivar a exclusão da escola. Não satisfeita com isso, a diretora escreveu uma carta aos pais desses alunos, declarando que, por princípio, manifestações religiosas não são permitidas nas escolas alemãs. Portanto, que é proibido rezar. Mas por que razão? Porque a piedade não pode mais ser exigida? Porque a visão de pessoas rezando incita desavenças?

Bem, a história não parou por aí. Os alunos atingidos foram à justiça. E a sentença lhes deu razão. Ministrou à diretora uma lição de liberdade, lembrando-a de que o Estado existe para promover a liberdade de fé, não para oprimi-la. E algo mais constava da sentença: que não poderá haver uma convivência pacífica se os alunos não aprenderem a respeitar as convicções religiosas dos outros. Portanto, rezar é permitido. E não somente isso. Rezar é até mesmo desejado.

Seja como for, esses alunos muçulmanos merecem o meu respeito. Eles tiveram a coragem de confessar sua fé. Eles professam algo. Mostram publicamente o que é importante para eles. Não se envergonham de sua religião. Acho isso admirável, e me pergunto: Por que realmente os alunos cristãos não rezam? Seus colegas muçulmanos certamente não se oporiam. Pelo contrário. Pessoas que rezam, seja qual for o seu Deus, não têm problemas de convivência. Elas se entendem e também se respeitam. Acho que nós, os cristãos, poderíamos professar mais claramente nossa fé. De que deveríamos envergonhar-nos? Do fato de crermos num Deus bondoso e amoroso? E não tenhamos medo – até mesmo entre os descrentes ganharíamos mais respeito com nossa corajosa confissão do que com um subterfúgio envergonhado. Por essa razão, é permitido rezar. Mais ainda: deseja-se que se reze.

A VIRTUDE DA TOLERÂNCIA E O CONVENCIMENTO FARISAICO

Quero propor-lhes dois casos de intolerância religiosa. Julguem vocês mesmos. O primeiro deles ocorreu há algum tempo na Turquia. Estava sendo rodado por turcos um filme sobre a época das Cruzadas; por conseguinte, um filme histórico sobre um tema da Idade Média. Naturalmente figuravam ali também cavaleiros cristãos, e alguns deles carregavam bandeiras com o sinal cristão da cruz. Então aconteceu um incidente: muçulmanos enraivecidos atacaram durante os trabalhos a equipe de filmagem. Sentiram-se provocados pelas bandeiras. Agiram com violência. Tentaram arrebatar dos atores as bandeiras com as cruzes. A visão dessas bandeiras bastara para despertar sua fúria. Podemos chamar tais pessoas de fanáticas?

Esse foi o primeiro caso. O segundo aconteceu em Berlim, mais ou menos na mesma época. Cristãos faziam uma manifestação pelo direito à vida de crianças não nascidas. Carregavam cruzes brancas – uma para cada uma das mil crianças que diariamente são abortadas na Alemanha. Era uma manifestação pacífica que não se dirigia contra ninguém. Queria apenas lembrar que ninguém tem o direito de matar uma vida humana, seja depois ou antes do nascimento. Então aconteceu um incidente. Manifestantes contrários atacaram os defensores da vida, tomaram deles uma dezena de cruzes e as lançaram nas águas do rio Spree. O fato de que outras pessoas defendiam uma outra opinião bastara para enfurecê-los. Podemos chamar essas pessoas de fanáticas?

Julguem vocês mesmos. O que pensei com essas histórias: a palavra latina "tolerare" significa suportar algo, aceitar algo. Por exemplo, aceitar que alguma outra pessoa ache falsa ou mesmo louca minha própria e ponderada opinião. E isso realmente não é fácil de suportar. Isso é quase uma falta de vergonha! Pois o que motiva o outro a rejeitar minhas convicções mais profundas, minha opinião bem ponderada diante da vida? Mas quem quer ser tolerante precisa admitir tais desafios – e eu também. Talvez consigamos obter melhores resultados quando nós mesmos não nos julgarmos perfeitos. Quando nos conscientizarmos de quantas tolices nós mesmos já cometemos. Em outras palavras: quando tomarmos consciência de que somos pecadores. Isso ajuda contra o falso convencimento. E torna mais fácil a difícil virtude da tolerância.

SEGUINDO NA ESTEIRA OS PASSOS DE ABRAÃO E SARA

Precisamos de pessoas que tenham ideias novas. Não apenas na economia e na política, mas também na vida diária. Justamente em nossos dias, quando muita gente se satisfaz queixando-se e lamentando sobre determinadas situações. De qualquer maneira, sempre me alegro ao saber de pessoas que têm boas inspirações. Onde achamos tais pessoas?

Por exemplo, num jardim de infância de uma grande cidade alemã, as educadoras se questionaram como poderiam contar às crianças as histórias da Bíblia de modo que realmente aprendessem algo com elas, talvez para toda a vida – por exemplo, as histórias de Abraão e sua mulher Sara, que por ordem de Deus deixaram sua pátria e viajaram por terras estranhas. Pois não eram pessoas tolas. Essas histórias versam sobre a forma de encontrar o próprio caminho na vida. Quem as conhece entende a própria vida. Mas qual seria a melhor maneira de gravar uma história em crianças? Lendo-a? Contando-a? Isso não bastaria – constataram as educadoras desses jardins de infância. Uma história só se torna inesquecível quando nós mesmos a vivenciamos. E assim fizeram.

Onde moravam Abraão e Sara durante a jornada? Numa tenda. Então as crianças começaram a juntar ramos e a construir miniaturas de tendas com restos de materiais. Onde eles encontravam água para beber? Em poços. Então as crianças modelaram pequenos poços de argila e jarras para carregar água para o acampamento. Dessa maneira as crianças tiveram uma primeira ideia da vida de Abraão. E depois a história ficou realmente excitante. Durante um dia inteiro elas fizeram uma excursão pelo campo com suas professoras, levando na mochila biscoitos que tinham assado e carregando uma esteira para substituir a tenda. De vez em quando, descansavam à beira de um regato, armavam o acampamento e comiam os biscoitos. No fim do dia as crianças estavam exaustas – mas isso não importava, pois puderam sentir-se durante todo o dia como Abraão e Sara.

Nos dias seguintes falou-se de Abraão – não só no jardim de infância mas também nas casas dos pais. As velhas histórias da Bíblia de repente deixaram de ser estranhas. Pela sua experiência pessoal, as crianças tinham adquirido uma relação pessoal com elas. Histórias bíblicas como vivências, como aventuras – acho isso uma ideia brilhante. E desejo que tenha muitos imitadores!

AGORA TODOS QUEREM SER MAUS

Vocês se recordam? Houve um tempo em que falávamos de "bem comportada" ou "boazinha" para elogiar uma criança. Se vocês se lembram já não são jovens, pois há dezenas de anos isso já não soa como um elogio. Atualmente, "bem comportado" saiu totalmente de moda, e "bonzinho" é uma palavra que hoje só se diz a um cachorro. "Seja um cão bonzinho..." Essa palavra pode chegar a ofender os jovens. Soa como se os julgássemos inofensivos, simplesmente simpáticos e decentes. É assustador! Para substituir essa palavra, uma outra fez carreira: a palavra "mau". Agora todo mundo quer ser mau, inclusive as meninas. Pois "mau" soa de algum modo como forte, rebelde, consciente de si. Os maus se atrevem a algo – e por isso vão mais longe do que os bem comportados. Muito mais longe. "Meninas boazinhas vão para o céu, as más vão à luta" – é o título de um livro recente. É engraçado?

No entanto o mal está longe de ser engraçado, como todos sabem. A colega que com suas pequenas maldades nos estraga o dia de trabalho, é engraçada? O valentão que fere mortalmente a pisadas um passageiro no metrô, é engraçado? O matador jovem que assassina dezenas de escolares e professores, é engraçado? Não, engraçado certamente não é, mas talvez fascinante? A gente não deseja às vezes fazer isso – fazer o proibido? Evadir-se da camisa-de-força da moralidade e permitir-se uma verdadeira perversidade? Agir talvez por vingança, ou simplesmente pelo tédio de uma existência apagada e para chamar a atenção uma vez na vida? Sim, é possível que isso hoje também tenha parte nisso. Pois quem faz o mal está no centro das atenções e talvez também dos jornais. Tem um público certo. Os bonzinhos não chamam a atenção. Nunca terão um público...

O mal é sedutor. Ele fascina sobretudo pessoas que querem finalmente aparecer como grandes. Os maníacos pela fama. Mas isso não é nada de novo – já Adão e Eva tinham nisso seu ponto fraco. "Vocês serão como deuses", com estas palavras a serpente levou-os a comer do fruto proibido. Conhecemos o resultado: expulsão do paraíso, cansaço, doença e morte. O mal arrasta sempre sofrimentos consigo. Por isso deveríamos estar prevenidos quando o mal é inocentado. Como acontece hoje.

MULHERES QUE ACHAM
SEUS MARIDOS TOLOS

Há algum tempo deparei-me com uma história de mulheres muito antiga e milenar. Foi no Antigo Testamento, que é uma mina de boas histórias de mulheres. Essa me agrada de modo especial. Ela poderia acontecer ainda hoje – não entre nós, mas na África ou em países árabes. Três personagens principais: um certo Nabal, rico e arrogante criador de gado; Abigail, sua esposa, descrita como bonita e prudente. E Davi, um homem jovem e impetuoso, futuro rei de Israel.

Aconteceu que Davi e seus homens andavam pelo deserto e ficaram sem provisões. Por sorte o rico Nabal estava por perto e controlava a tosa de suas ovelhas. Como Nabal tinha muitas ovelhas, muitos tosquiadores estavam trabalhando com ele, e todos precisavam ser supridos. Assim, na casa de Nabal havia o que comer, aliás abundantemente. Por que não haveria também algo para nós? – pensou Davi. Ademais, Nabal estava obrigado a agradecer a Davi porque este e seus homens nas últimas semanas tinham protegido os pastores e rebanhos de Nabal de animais predadores e ladrões de gado. Assim Davi mandou a Nabal alguns de seus homens e educadamente pediu algo para comer. Mas Nabal era um homem estúpido. Ele esbravejou contra os homens de Davi e os mandou de volta ao deserto, com as mãos e a barriga vazias. Davi se enfureceu e só teve um pensamento: vingança! Matar a todos! Esse Nabal e sua gente também! Eles tomaram suas espadas e se puseram a caminho... Nesse momento Abigail intervém. Ela fica sabendo do atrevimento de seu marido e pressente o que Davi quer fazer. Decidindo-se rapidamente, ela carrega toda uma caravana de asnos com provisões, com carne de ovelhas, pães, bolos de figos e odres de vinho, e cavalga ao encontro de Davi – por iniciativa própria e sem deixar que Nabal tivesse conhecimento disso. E quando encontra Davi, ela procura agir com sensatez. Ela diz: "Meu marido é um idiota. Não lhe dê atenção. Mas pense antes de tudo em você. Um dia você será rei. Se agora você se vingar, subirá ao trono com vestes manchadas de sangue. Isso não é um bom começo. Entre em seu juízo, Davi, e renuncie à sua vingança". Palavras prudentes de uma mulher prudente. E, de fato, Abigail conseguiu impedir o derramamento de sangue. Davi a ouviu e recuperou a razão. Mais tarde, depois que Nabal faleceu por morte natural, Davi chegou a desposá-la. Uma história como as das fábulas? Uma história como as da vida! Ela pode ser lida no capítulo 25 do primeiro livro de Samuel.

"ESSE PAPA ESTÁ DIVAGANDO OUTRA VEZ!"

Não é comum ouvir comentários positivos sobre a Igreja. Quer se fale da Igreja evangélica ou da católica, logo extravasam indignação e críticas. Vocês por acaso já ouviram alguém comentar que a última mensagem do Papa foi uma revelação, que ele disse palavras sensatas no momento oportuno? Já ouviram alguém comentar que depois da missa se sente fortalecido e feliz, e por isso gosta de frequentar a Igreja? Isso acontece bem raramente e suscita espanto nos ouvintes. Pois geralmente o que se ouve é: "Esse Papa está divagando outra vez". Ou então: "Nosso pároco é um péssimo pregador. Os sermões dele dão sono e só os tolero na Páscoa e no Natal". E todos compartilham a irritação. A certa altura a conversa vai para a queima de hereges e os processos contra as bruxas, e toda a lista de pecados da Igreja é desfiada outra vez. E finalmente todos ficam de acordo que não se deve pertencer a esse clube. Quem quiser a todo preço, pode continuar aderindo à sua fé silenciosamente por si mesmo, em caráter particular.

Quero fazer-lhes uma confissão. Eu amo a Igreja. Acho que o Papa realmente diz muitas vezes palavras sensatas no momento oportuno. E não consigo absolutamente imaginar uma vida sem a missa. Louvar a Deus em cânticos e orações me faz realmente feliz, e isso se renova a cada vez. Assim como sempre existe algo a recriminar numa pessoa querida, de tempos em tempos eu me aborreço com a Igreja – com missas entediantes, sermões sem conteúdo e a mente estreita de algumas equipes de direção. Mas o que significa isso em comparação com a felicidade de pertencer a uma comunidade em que a mensagem de Jesus Cristo é proclamada, onde posso comemorar a bondade e a majestade de Deus, e sentir-me unido a muitos milhões de pessoas em todo o mundo, na fé no amor de Deus?

Vejam vocês, o cristianismo é antes de tudo uma comunidade, e uma comunidade que nasce do amor – do amor que nos une a Jesus Cristo e do amor que nos une uns aos outros. E por isso também não podemos cultivar nossa fé da mesma maneira como cuidamos de nosso jardim, como um prazer particular. Fé sem comunidade é impensável. E se entendemos assim o nosso cristianismo, temos algo melhor a fazer do que criticar a Igreja.

TENHAM CONFIANÇA EM SEUS FILHOS

Um jornal fez uma pesquisa entre jovens de 12 a 15 anos. As fotos exibidas mostram fisionomias sérias e fechadas. Nenhum sorriso, nenhuma expressão de alegria. Uma das perguntas que lhes fizeram foi qual era a sua opinião sobre o que caracteriza os adultos. E o que responderam esses jovens? Que os adultos querem controlar tudo e saber tudo. Que se preocupam muito. Que estão sempre querendo ensinar alguma coisa. Que querem ensinar mesmo quando não conhecem o assunto. Que querem sempre ajudar, mesmo quando o jovem deseja tentar por si mesmo...

Deveríamos levar a sério essas respostas, pois elas fornecem um espelho à geração de seus pais. E o que vemos nesse espelho? Pessoas permanentemente preocupadas. Numa assistência excessiva. E que por isso se imiscuem na vida dos filhos tão fortemente que os priva de ar para respirarem. Preocupação e controle, esses dois conceitos resumem as vivências que os jovens entrevistados afirmam ter com seus pais.

De fato, a puberdade é uma idade difícil. Os filhos se sentem excessivamente controlados. Em épocas passadas já havia queixas contra os pais. "Eles não nos compreendem" – é o que já se ouvia nos anos 60 e 70. Naquela época os jovens ansiavam por liberdade como talvez nenhuma geração anterior. Hoje os jovens daquele tempo se tornaram pais. Mas parecem ter esquecido totalmente como é importante a liberdade para os jovens. Em lugar disso, muitos se impõem a seus filhos, se imiscuem, cuidam de tudo. Os psicólogos têm uma explicação para isso. Hoje nada mais é natural, dizem eles. Por isso vemos problemas por toda parte e reagimos apavorados, perdendo a cabeça, exagerados. Pode ser. Mas também tenho uma outra explicação para isso. Pois o mundo sempre foi perigoso. Mas antigamente a confiança era maior. A confiança em si. A confiança nos próprios filhos. A confiança em que a vida, apesar de tudo, deseja o bem de todos. A confiança num Deus que nos protege. Quando essa confiança desaparece, o medo aumenta. Talvez nós também não teremos sucesso sem uma fé que nos diga: Você está protegido. Pois uma coisa é certa: quando aumenta a confiança desaparece o medo.

TRAIÇÃO - MESMO QUANDO NÃO HÁ RISCO DE VIDA

"Eu simplesmente tive medo, um medo enorme" – confessou Pedro mais tarde. Essa confissão deve ter sido bem penosa para ele. Pois existem pessoas que afirmam não conhecer o medo e controlam seus nervos quando outros perdem a cabeça. Só posso imaginar que Pedro pertencia a essa espécie de homens. Pois, seja como for, foi o único dos discípulos a defender Jesus com uma espada quando o prenderam. Da mesma forma, foi o único a seguir o Mestre até o interrogatório no palácio do Sumo Sacerdote. Por três vezes ele negou de pés juntos que conhecia Jesus. "Eu, um dos amigos dele? Absurdo. Deve ter sido um engano. Não tenho nada a ver com esse Jesus...". Com estas palavras ou outras semelhantes ele tentou escapulir, sentindo na boca a secura do medo. Quando ficou só, na viela escura em frente ao palácio, prorrompeu em lágrimas. Não conhecia Jesus? Pedro não reconhecia a si mesmo. Portanto, também ele é um covarde. Também é uma pessoa em quem não se pode confiar...

Sempre que ouço a leitura desta passagem bíblica no ofício divino da Sexta-feira Santa, sinto-me profundamente tocado. Quem é que ainda não vivenciou isso? No momento decisivo falhamos. Por medo. E nem sequer estava em jogo a nossa vida, apenas nossa imagem entre nossos colegas. Porém recusamos apoiar uma pessoa amiga quando todos os outros a atacavam. Assim, o que eu deveria dizer a um padre na China quando me confessou ter traído sua fé num momento de perigo? "Não tive forças para o martírio", disse-me entre lágrimas. Então lhe falei de Pedro, o homem forte que fraquejou.

E como reagiu Jesus? Depois de sua ressurreição eles se reencontraram, e Jesus lhe perguntou: "Pedro, você me ama"? Por três vezes lhe fez esta pergunta, tantas vezes quantas Pedro negara conhecê-lo. Posso imaginar as ondas de calor e frio que o envergonhado Pedro sentiu na ocasião. Entretanto, dessa vez ele não encheu a boca num juramento de fidelidade. "Sim, tu sabes que eu te amo" foi sua única resposta. Jesus o perdoara. E isso talvez tenha sido para Pedro o mais penoso de tudo. Fracassar dessa maneira – e ainda por cima deixar-se perdoar...

MÃOS DE AÇO QUE RECONCILIAM

De vez em quando acontece conosco, os beneditinos, como numa grande empresa ou na política. Todo ano o pessoal dirigente de todos os nossos mosteiros se reúne numa assembleia internacional onde se discute o futuro de nossa Ordem. Na última vez, a reunião anual realizou-se na República Sul Africana. Naturalmente eu compareci e assim presenciei quando se dirigiu à tribuna uma pessoa fora do comum.

Diante de nós se postou um homem com próteses de aço no lugar das mãos, e cujo olho direito era igualmente artificial. Na época do *apartheid* na África do Sul, ele combatia a discriminação de raças. Certo dia recebeu uma carta-bomba. Desprevenido como era, abriu a carta. Com a força da explosão, perdeu um dos olhos e ambas as mãos. Esse homem tinha suficiente razão para odiar a todos que tinham sido seus inimigos políticos. E sobre o quê ele nos falou? Falou-nos sobre a maneira de nos curarmos de nossas piores lembranças. Sobre a maneira de nos livrarmos da mistura de raiva e ressentimento para onde nossas lembranças querem nos arrastar. E nos falou com uma expressão serena. Estava claro que não foi apenas com o corpo que esse homem sobreviveu, mas também com a alma.

Quando foi liberado do hospital ele fundou um instituto cuja finalidade é a reconciliação entre as pessoas naquele país conspurcado do sul da África. Ferimentos, disse ele, todos nós trouxemos conosco, independentemente do lado em que estávamos. Por isso ele convida pessoas de ambos os lados a contarem uns aos outros, com toda a tranquilidade, as suas histórias. De repente, umas e outras entendem que todas elas estão profundamente feridas em suas almas – mesmo os perpetradores, mesmo os assassinos. Nesse momento, o próprio inimigo daquela época se torna uma pessoa que merece simpatia, e começa a cura das feridas.

Amai vossos inimigos. O homem na tribuna entendera o que Jesus quis dizer com isso. Todos os presentes também o entenderam, todos os que o viram ali de pé, com suas próteses e seu sorriso, e escutaram sua história. Fiquei profundamente impressionado com esse criador de paz. E o que mais me tocou foi o fato de que a mão que ele estendia à reconciliação era feita de aço.

APLICAÇÃO E AMOR À ORDEM – ANTIGAMENTE E AGORA

Uma mulher jovem precisou fugir. Como tantas outras, fugiu de sua pátria, o Irã, por achar insuportável a vida sob o regime dos mulás. Chegando à Alemanha, encontrou pousada num albergue para solicitantes de asilo. Todos os seus pertences cabiam numa pequena mala. Isso aconteceu há vinte anos. Hoje essa mulher tem sua própria empresa. Ela permaneceu na Alemanha, trabalhou duramente, conseguiu progredir. Tem todas as razões para orgulhar-se. E atribui seu sucesso principalmente às virtudes que aprendeu conosco. Às virtudes alemãs típicas: a aplicação, o amor à ordem, a retidão, a pontualidade, a sinceridade. Com essas virtudes a gente pode ir longe, diz ela.

Quase não acreditamos em nossos ouvidos. Alguém está falando de virtudes alemãs sem dizer que estão fora de moda, que são enfadonhas e penosas. Aplicação, amor à ordem, solidez, para não falar da pontualidade – tudo isso não está desacreditado? Não nos acostumamos a considerar esses traços como defeitos alemães, até mesmo a envergonhar-nos deles? Devo admitir que não tenho nada contra a aplicação. Não faço objeções à pontualidade nem à honestidade. Não contesto a retidão, a solidez e o amor à ordem. Vocês prefeririam o desmazelo, o desleixo, a falta de consciência e a superficialidade? Eu, certamente não. De fato, não se deve exagerar com as virtudes, nem mesmo com as virtudes alemãs. Mas apreciá-las, exaltá-las, até mesmo valorizá-las na educação – são algo que ainda podemos fazer? Estaremos fazendo algo errado com isso? Também na Itália eu conheci virtudes – as virtudes italianas. Por exemplo, o genuíno sentimento familiar, o talento para a improvisação. Cada país tem suas virtudes especiais, em parte alguma elas se encontram todas juntas. Pois quem gosta de ser pontual confia mais no planejamento do que na improvisação. O que há de especial nas virtudes alemãs é que são úteis a pessoas que querem ser bem-sucedidas. Pessoas que, mesmo quando progridem, permanecem corretas. Que querem fazer bem as coisas e alcançar metas. Eu só me pergunto: se aquela jovem iraniana chegasse hoje à Alemanha, ainda poderia aprender conosco todas essas virtudes?

FORMAS DE EXERCER UMA PRESSÃO MORAL

"Isso é injusto!" – grita Joana à sua mãe. Ultimamente ela tem se queixado de "injustiças" em casa, principalmente quando a mãe exige dela alguma coisa: por exemplo, que esvazie a lavadora de pratos ou dedique algum tempo à limpeza. É claro que Joana não curte isso. Acha entediante ajudar nas tarefas caseiras e tem algo melhor a fazer. Mas "injusto"? O que ela quer dizer com isso? Que se sente de algum modo em desvantagem, é o que quer dizer. Joana sabe que seu irmão está fora e que sua mãe já está sobrecarregada. Mas também conhece uma fórmula rápida para fazer seus pais sentir-se culpados. Joana tem 16 anos e sabe de longa data que seus pais não admitem ser injustos. E, de fato, sua mãe submete-se mais uma vez. Joana absolutamente não acha que seja injusto deixar mais trabalho para sua mãe. E de fato não é. O que Joana faz é simplesmente desconsideração e arrogância.

"Acho injusto que minha irmã seja mais bonita do que eu", diz Ulla. Injusto? O que ela pretende dizer com isso? Que a natureza ou o bom Deus maldosamente não lhe concedeu uma boca mais bonita ou pernas mais belas? Não, ela não quer dizer isso. Mas inveja a beleza de sua irmã e sente-se de algum modo em desvantagem. Naturalmente, Ulla sabe que ninguém é responsável pela própria aparência. Mas julga-se no direito de ser pelo menos tão bonita quanto sua irmã, senão ainda mais bonita.

"Injusto" – está ficando cada vez mais fácil usar essa palavra sempre que nos sentimos em desvantagem. Sempre que achamos que os outros estão melhor do que nós. O irmão de Joana não está em casa, tem folga em relação à mãe. Por isso Joana precisa ajudar. Isso é injusto? Ulla acha que a irmã dela é mais bonita e por isso tem mais sucesso com outras pessoas. Isso é injusto? Não, naturalmente não. Mas "injusto" é uma palavra útil, pois permite exercer uma pressão moral. Com ela se quer afirmar que a outra pessoa nos deve alguma coisa. Basta falar de injustiça, isso disfarça a inveja ou a preguiça. Não deveríamos lidar com mais cuidado com a palavra "injusto"? Vamos ser honestos: com ela muitas vezes só mentimos a nós mesmos.

AS FORMIGAS, COMO OS CRISTÃOS, UNEM SUAS FORÇAS

Quem de nós ainda não teve um encontro desagradável com formigas? Em nossa infância, quando sentávamos no campo para comer o pão com manteiga, elas logo acorriam, subiam em nossas pernas e nos picavam. Danos bem maiores causam as grandes formigas *siafu* na Tanzânia. Lembro-me que antigamente, entre nossos missionários da África, havia alguns de humor perverso que se divertiam em incomodar com esses insetos pessoas recém-chegadas da Europa. Quando acompanhavam alguma delas numa caminhada e avistavam uma fileira dessas formigas grandes e negras, distraíam o desprevenido irmão com alguma conversa, deixando-o parado justamente nesse lugar, enquanto essas pequeninas feras subiam pelas pernas deles, espalhavam-se por todo corpo e ferroavam. Isso doía, e o único recurso contra isso era pular no mato e arrancar todas as roupas.

Em minha última passagem por um mosteiro na Índia tive uma experiência bem diferente com formigas. Na primeira noite uma vespa esvoaçava em torno de mim, fazendo um forte zumbido. Eu de bom grado a teria tornado inofensiva, mas não sabia como. Como o teto era muito alto, era impossível caçá-la com uma toalha de mão. Além do mais, eu estava esgotado. Estava tão cansado que desabei na cama e nem sequer abri o mosquiteiro. A vespa e eu talvez poderíamos suportar-nos mutuamente por toda a noite.

Na manhã seguinte nada se ouvia da vespa. Profundo silêncio. Então divisei uma fileira de minúsculas formigas carregando parede acima a casca vazia da vespa. Incrível. Que força tinham esses pequenos insetos! Da mesma forma elas se precipitaram sobre o corpo da barata que eu havia matado na véspera no banheiro. Algumas horas depois elas transportavam também sua casca, do mesmo modo como tinham feito com a vespa. Quanta coisa conseguiríamos alcançar conjugando nossas forças – pensei então –, se nós, os seres humanos, juntássemos nossos esforços com mais frequência e trabalhássemos no mesmo sentido, seja no trabalho ou no lar. Se de repente já não olhássemos os outros como concorrentes mas como companheiros de jogos e de lutas. Quantas coisas ficariam mais simples! Um pouco mais de espírito de equipe, um pouco mais de sentimento de comunidade seria altamente sensato. E, além de tudo, seria cristão.

LIBERDADE DE OPINIÃO SIGNIFICA TAMBÉM PERMITIR OS CRUCIFIXOS

É bem possível que haja quem não partilhe minhas opiniões e se aborreça com elas, talvez porque se irrite contra a Igreja ou considere a religião uma tolice. De qualquer maneira, algumas dessas pessoas provavelmente julgam irritante o que escrevo. Imaginemos que alguém decida protestar contra minhas considerações e escreva à editora: "Sinto-me atacado e ofendido pelas ideias de Notker Wolf e desejo ser protegido delas. Por favor, retire de circulação esse livro". Bem, provavelmente a editora não o atenderia, e responderia à pessoa indignada: "Prezado leitor, neste país existe liberdade de opinião. Se as opiniões de Notker Wolf não lhe agradam, simplesmente não tome conhecimento delas". Com isso se resolveria a questão e eu poderia continuar publicando meus livros.

Por que pensei neste caso? Porque algo semelhante aconteceu recentemente em Düsseldorf. O juiz de um tribunal mandou retirar todos os crucifixos das salas de julgamento, porque ateus e muçulmanos sentiram-se atacados e ofendidos por eles. Por algum tempo os crucifixos eram retirados das paredes quando havia queixas, e posteriormente recolocados. Mas de agora em diante devem desaparecer para sempre. De minha parte eu me pergunto: Devemos realmente satisfazer a todos? Não podemos esperar também de ateus e muçulmanos um mínimo de tolerância? Pois o que significa um crucifixo? É um símbolo que representa as bases cristãs de nossa cultura. Também nossa constituição se baseia nelas. O crucifixo simboliza os valores cristãos de nossa sociedade. Adolf Hitler, que sabia disso, em 1933 mandou retirar todos os crucifixos das salas dos tribunais alemães. Os comunistas também sabiam disso. Em 1949 mandaram retirar todos os crucifixos das salas dos tribunais da então República Democrática Alemã. Em nossa República Federal eles foram recolocados depois da Segunda Guerra Mundial, como símbolos de que a época da barbárie ficara para trás. E agora, pretende-se sacrificar esse símbolo para atender a pessoas que se sentem ofendidas? Não se pode simplesmente dizer a elas: "Se o crucifixo não lhes agrada, não lhe deem atenção"?

APANHADA EM FLAGRANTE

Ser apanhado e não ter desculpa, nada poder apresentar em defesa própria, é uma das situações mais desconfortáveis em que podemos cair. A consciência da culpa suscita no corpo ondas de calor e frio, e a gente sabe: "O que fiz foi errado, terrivelmente errado. Estou sem razão, estraguei tudo, e o que me acontece agora tenho que atribuir exclusivamente a mim mesmo..."

A mulher cuja história é contada no capítulo 8 do Evangelho de São João se defronta com a morte – a morte por apedrejamento. Foi flagrada em adultério, que é punido com a pena de morte, e agora uma turba de homens indignados a empurram, levam-na a reboque para o Templo e subitamente todos se postam diante de Jesus. Fazem um círculo em torno dele, empurram a mulher para o centro, e lá ficam com o semblante gelado daqueles que se sentem absolutamente certos. A mulher se cala, consciente de sua culpa. Então um dos homens diz a Jesus: "Esta aqui nós acabamos de flagrar em adultério. Segundo a lei ela deve morrer. O que pensa você? Ela mereceu a morte ou não"? É digno de nota que Jesus não reage a isso. Nem se digna olhar para aqueles homens. Ele se agacha e, como se estivesse ausente, desenha com o dedo alguma coisa na terra. Talvez pense: Não quero assumir aqui o papel de juiz. Não sou um juiz. Mas a turba continua pressionando. Querem absolutamente saber se Jesus irá proteger essa mulher, se tomará partido por ela. "Diga então" – insistem os homens. "Ela mereceu a morte ou não?" Então Jesus se ergue, encara--os e diz uma única frase: "Aquele que dentre vós estiver sem pecado seja o primeiro que lhe atire a pedra". Nesses homens, que até há pouco se sentiam assustadoramente com razão, cresce então a consciência da culpa. De repente a mulher já não está sozinha com sua consciência culpada. De repente os homens têm algo em comum com ela. E sua ira justa – pela justiça deles – dissipa-se no mesmo momento. Um após o outro, eles se escondem. Desta vez as pedras não voarão.

Jesus defendeu a adúltera? Não, ele não fez isso. Também ele condena o adultério – não há nada que o defenda, nada que o desculpe. Mas ele poupou-a da pena porque é o salvador, não é o juiz. Porque para ele é mais importante salvar uma alma transviada do que punir um culpado. Porque ele é o filho de um Deus misericordioso.

COMO A ÁGUA SE TRANSFORMOU EM VINHO

Um dos numerosos milagres de Jesus é até hoje especialmente apreciado, até mesmo por pessoas que em outros assuntos não valorizam Jesus: a transformação da água em vinho, tal como foi relatada no segundo capítulo do Evangelho de São João. Sim, esta é uma ideia que pode agradar a alguém: ter vinho em abundância sem pagar nada por ele, bastando ter simplesmente água encanada. Mas – falando sério –, qual foi o objetivo desse milagre? Jesus quis impressionar os amantes do vinho? Procurou angariar votos? Examinemos com cuidado essa história.

Celebra-se uma festa de casamento. Entre os convidados encontram-se Maria, seu filho Jesus e alguns amigos dele. As pessoas dançam e bebem. Num determinado momento Maria percebe que o vinho está quase acabando. A maioria das mães – como aqui Maria – se assusta com a ideia de que possa faltar algo aos convidados. Assim ela aborda o seu filho e lhe diz: "Veja, o vinho de nossos anfitriões está acabando..." Mas o que tem Jesus a ver com isso? Provavelmente ele está envolvido numa conversa animada, de qualquer maneira ele não dá atenção a Maria – essas mães eternamente preocupadas com que algo venha a faltar... "O que queres? Deixa-me em paz", diz ele. Porém Maria já assumiu o controle da situação. Como uma mãe sensata, ela não liga para o tom rude de seu filho e recomenda aos serviçais:

"Façam o que meu filho lhes disser, seja o que for". E realmente, diante da serenidade de sua mãe, Jesus se dá por vencido. "Encham esses seis cântaros com água da fonte" – recomenda aos serviçais. Eles os enchem até as bordas. "Agora tirem um pouco da água e levem-na para o mestre-de-cerimônias provar." O mestre de cerimônias prova e constata: é vinho da melhor qualidade, melhor do que todos os que tinham sido servidos. Sem ter presenciado o milagre, ele fica confuso. Não é costume servir o melhor vinho no começo, antes que todos estejam tão embriagados que não percebam mais a diferença? Certamente terá sido um lapso que escapou dos noivos...

Quem presenciou o milagre foram os amigos de Jesus, seus discípulos. São eles o que importa. Eles "creram nele", é a frase final desse relato. Isto quer dizer: Eles entenderam. Crer significa entender. Entenderam que Jesus tem a força de transformar. De transformar algo comum e corriqueiro em algo precioso: água em vinho, por exemplo. Ou a de transformar homens embotados no quotidiano em amigos atentos e pacientes das pessoas.

NEM MESMO O INFERNO OS DESEJA

Existe uma imagem mais terrível do que aportar no inferno? Poderia haver uma pena pior? Sim, diz Dante, o maior poeta italiano da Idade Média. Sim, existe algo mais terrível do que o inferno. Desse destino horrível que pode aguardar alguém ele fala em sua Divina Comédia, um imenso poema que conta uma viagem pelo céu e pelo inferno. Naturalmente Dante não contemplou o Além com seus próprios olhos. O que ele descreve é a visão de um poeta genial. Mas nessa visão as condições humanas na terra se manifestam, delineadas de forma tão precisa e significativa como se fossem olhadas com lentes de aumento. E que coisa esse grande poeta considera como o destino mais sinistro que pode acontecer a uma alma humana?

Dante o descreve da seguinte maneira: Presas numa terra de ninguém entre o céu e o inferno, inúmeras almas giram em círculos "como areia levantada por um turbilhão". Sem detença, sem objetivo, elas são constantemente açoitadas, sempre em círculos, e nisso elas gritam altos brados ou com uma voz rouca. O que elas dizem? Elas mendigam o acesso. O acesso ao inferno. Porém nem mesmo o inferno as quer. São as almas daqueles, diz Dante, que nunca realmente viveram. Os mais infelizes de todos. Mas o que ele pretende dizer com pessoas que realmente nunca viveram?

São aquelas que já na terra nunca pertenceram a coisa alguma porque nunca se decidiram por nada. Pessoas sem ponto de vista, sem opiniões, sem rosto – sem raízes em alguma fé, em alguma convicção. Pessoas que jamais tomaram partido, que nunca defenderam nada, que nunca atacaram nada. Pessoas a quem, por medo ou por uma tolerância mal entendida, tudo era indiferente, que nunca combateram pelo bem nem pelo mal. Pessoas que se esquivaram de viver. Que não quiseram magoar ninguém. Que quiseram dar razão a todos. Com elas nem o céu nem o inferno podem fazer coisa alguma, e por isso elas giram em turbilhão nessa terra de ninguém, animadas pelo único e derradeiro desejo de finalmente encontrar um lar, um lugar a que pertençam, mesmo que seja o inferno. Penso que essa visão encerra uma profunda verdade. Pois nós, por amor à paz, renunciamos a todas as convicções, transformamo-nos em sombras já durante a nossa vida. Então giramos aqui, como as almas de Dante, apenas em círculo sem sentido. Deveríamos entender sua visão como uma advertência. Como uma advertência contra a covarde mediocridade do coração.

FÉ – UM CONSOLO FÁCIL PARA FRACASSADOS?

Atualmente encontramos muitas pessoas que já não conseguem lidar com a religião. Qual a finalidade disso? – perguntam-se elas. Para que serve a religião? Não conseguem compreender que em nossa época esclarecida ainda haja quem creia em Deus, frequente uma igreja e reze; em outras palavras, quem goste de ser cristão. Deve haver algo errado com essas pessoas, pensam elas. Pois o que será a fé senão um consolo fácil para fracassados? Um tranquilizante para pessoas que não tiveram sucesso na vida e por isso especulam com uma vida mais bela no além? Para explicar o mundo já não precisamos de Deus: as ciências naturais podem fazer isso melhor. Em outras palavras: a religião é uma relíquia de épocas mais sombrias. Portanto, acabemos com ela e simplesmente nos entreguemos à vida! Não precisamos de um Deus para nos embelezarmos na terra...
    Concordo. Divertir-se é possível também sem Deus. É também possível ter sucesso sem fé. Raios, trovões e a força da gravidade podem ser explicados em termos físicos, sem que se precise consultar a Bíblia. Nesses assuntos podemos confiar em nossa razão. Mas também a razão tem seus limites. Ela falha

quando se trata de saber como viver bem. Ela não nos ajuda a desenvolver nossa humanidade, de modo que mereçamos ser chamados imagens de Deus. Ela não nos detém quando a cobiça, a sede de vingança e o orgulho tomam posse de nós e corremos o risco de nos transformar em animais de rapina. E a razão também não nos assiste quando as decepções, a doença e a morte nos fazem desesperar da vida.

Com a razão vemos apenas o mundo dos puros fatos. Mas na fé nossa visão é mais ampla e profunda, contemplamos a verdade por trás das cortinas. Na fé podemos chegar ao fundo de nossa alma e aí descobrir, sem medo, nossa esperança desmedida na felicidade verdadeira, nosso ilimitado anseio pelo verdadeiro amor. Na fé podemos também chegar ao fundo da existência e aí descobrir o amor como a força primordial de toda vida – e assim encontrar-nos com Deus. Então as religiões nos mostram como entrar e permanecer em conexão com essa força. Disso depende, de modo decisivo, se não simplesmente viveremos bem, mas também de modo correto. Não é esta uma boa razão para permanecermos firmes na fé, também em nossos tempos esclarecidos?

EM DEFESA DAS VOZES ALEGRES DAS CRIANÇAS

Num avião encontra-se frequentemente uma amostra da população da Terra, e por vezes acontece um choque entre culturas diferentes. Algo assim aconteceu há poucos dias, em minha viagem de Roma a Munique. Na fileira atrás de mim sentava-se uma família de mãe italiana e pai americano. Provavelmente tinham visitado parentes na Itália. As duas crianças, de aproximadamente 4 ou 5 anos, eram extremamente ativas, falavam alto e às vezes também gritavam. Tudo o que viam e experimentavam tinham necessidade de expressar em palavras.

Admito que atrás de mim o ruído era grande. Nessas circunstâncias não se podia pensar em ler. Contudo, alegrei-me com a vivacidade dessas crianças. Havia naquela máquina pelo menos duas pessoas que se divertiam e não se limitavam a sentar-se num silêncio teimoso durante toda a viagem.

Eu próprio, quando criança, não devo ter sido diferente. De qualquer maneira, lembro-me que minha mãe tinha dificuldade de manter-me em silêncio na igreja durante os sermões. Para um pároco também não é fácil concentrar-se quando crianças estão constantemente fazendo barulho.

Na fileira à minha frente sentavam-se jovens chineses. Um deles desde o início da viagem abaixara o seu encosto, na intenção de dormir durante o voo. De repente ele se ergueu e insultou a família atrás de mim por causa do barulho. Achei compreensível essa reação. Na China cada família só pode ter uma criança e as pessoas não devem estar acostumadas a animadas vozes infantis. Mas achei ainda mais apropriada a resposta do pai: "Dos senhores se esperaria mais compreensão do que da parte dessas crianças"! Isso fazia sentido, eu só pude aprová-lo. Esse pai americano deve ter adotado de sua esposa hábitos italianos. E os italianos costumam mostrar muita compreensão pelas crianças, autorizando-as e não perdendo a paciência com facilidade. Encaro isso com simpatia.

Também as crianças que os discípulos de Jesus mantinham a distância de seu Mestre certamente não deviam ser crianças boazinhas e obedientes, com mãos limpas e cabelo penteado. Eram seguramente moleques traquinas e atrevidos, como aqueles que atualmente na África perseguem as pessoas rindo e gritando, sujos, piolhentos e insistentes. Os discípulos tinham as melhores intenções quando queriam manter esses bandos longe de Jesus. E como reagia ele? "Deixem que os pequenos venham a mim, porque deles é o reino dos céus". Sempre que crianças fazem algazarra eu tenho que pensar nisso. E sorrio.

LOURDES E AS CURAS MILAGROSAS

Existem milagres? Ou se coloca em ridículo a pessoa que ainda hoje acredita em milagres? Pois acompanhem-me desta vez ao célebre santuário de peregrinação de Nossa Senhora em Lourdes. Lá estão sempre acontecendo curas surpreendentes. Elas são atestadas por uma comissão de médicos que registra e examina com todo cuidado cada caso individualmente. Atualmente acontecem cerca de setenta curas miraculosas por ano. Nos últimos 150 anos foram atestadas 7200 curas para as quais em seu tempo não houve explicações médicas. Podemos chamá-las de milagres?

O fato é que curas espontâneas acontecem, mesmo em nossos dias. Eu próprio sei de um irmão beneditino que foi curado em Lourdes de uma doença incurável. Sofria de esclerose múltipla e voltou curado de Lourdes. Eu o conhecia bem. Depois de sua cura surpreendente, foram-lhe concedidos mais trinta anos de vida, e até sua morte ficou poupado dessa doença.

Portanto poderia haver algo de verdade nos relatos de milagres contidos nos evangelhos de Jesus Cristo. E lá também nos deparamos com uma possível explicação para isso: "A tua fé te salvou". Com estas palavras Jesus comenta algumas de suas curas milagrosas. Em outros casos ele perdoa os pecados de algum doente antes que aconteça a cura do corpo. Acontece portanto uma mudança com a alma do doente. Ele experimenta uma libertação da culpa, sente-se redimido, entrega-se completamente à confiança em Deus. E isto é para mim o fator decisivo. Jesus não exorciza simplesmente a doença. Ele mobiliza forças diferentes do que faz um médico convencional. Ele mobiliza a força da fé e a força do amor. Por meio dessas forças as pessoas se reconciliam com Deus, consigo mesmas e, não em último lugar, com seus próximos, e isso tem um efeito de cura na alma e no corpo.

Sabemos disso: quando um desgosto corrói a alma, ele também corrói o corpo. E quando a alma se alegra, o corpo se alegra com ela. Por isso, jamais contestaria que Deus possa atuar curando alguém. Portanto, quando entendemos os milagres como sinais de uma ampla cura, uma cura da alma e do corpo, temos o direito de continuar acreditando em milagres. E de continuar esperando milagres.

NOSSO MUNDO NÃO É TÃO MAU ASSIM

Em algum ponto de alguma grande cidade alemã acontece um evento corriqueiro. Uma história desagradável mas não fora do comum. Uma senhora idosa, ao sair de uma igreja à noite, tropeça e sofre uma queda. Pedestres se apressam em socorrê-la, pedem assistência médica. Então todos seguem seus caminhos e, exceto pelo sangramento do nariz, a própria vítima escapa daquele pavor. Ficou tudo bem. Alguém poderia dizer isso e esquecer o incidente. Não, porém, aquela senhora idosa.

Alguns dias depois aparece num jornal um poema, na coluna de anúncios pessoais. "Agradecimento a meu próximo" é o título do poema. Ao lado dele foi impressa uma foto preto e branco onde aquela senhora olha seriamente para alguém. É um poema meio desajeitado, uma dessas poesias que conhecemos em datas de aniversário e de bodas. Mas seu conteúdo é fora de comum. A senhora idosa relembra em sete estrofes como ela jazia desamparada diante da igreja com o nariz sangrando e como imediatamente todas as pessoas possíveis a ajudaram. Umas ajudaram-na a levantar-se, outras lhe ofereceram lenços, alguém chamou uma ambulância pelo celular, e uma passante prontificou-se a avisar o marido daquela senhora, que seguramente morava nas imediações da igreja. Finalmente, na oitava e última estrofe, a poetisa agradece a seus ajudantes anônimos. Essa estrofe me agradou tanto que quero transcrevê-la: "A todos os que então acorreram/ e generosamente me socorreram/ agradeço de coração./ Mesmo com tanta briga e desunião/ Tão mau nosso mundo não pode ser/ se tanto bem pode nele acontecer".

Acho que nesse poema tudo faz bem. Faz bem saber que tantas pessoas logo se dispuseram a ajudar, interrompendo os próprios trajetos, porque naquele momento aquela senhora era mais importante para elas do que tudo mais. Também faz bem saber que ela mesma não sacudiu a poeira e deu a volta por cima, mas sentou-se, escreveu um poema de agradecimento e o colocou num jornal às próprias custas, por ter sentido que essa era a atitude correta. E faz bem saber, além disso, que a ajuda espontânea agradou tanto à alma da senhora idosa, que ela passou a ver o mundo com olhos mais benignos. É só um pequeno poema. Mas ele aquece o nosso coração.

AMOR À JUSTIÇA OU MANIA DE JUSTIÇA?

Justamente nós, os alemães, gostamos de nos comparar a outros povos. Queremos saber o que os outros pensam de nós e se, apesar de tudo, nos acham simpáticos. Pois bem, há algum tempo, quando eu estava num mosteiro no sul da Itália, um irmão beneditino originário daquela região me falou desse tema, a saber, da diferença entre alemães e italianos. Ele bateu em minha porta e queria conversar comigo. Conhecia os alemães e gostava deles, por isso sentou-se em meu quarto e me contou sua história. Nos anos 70 ele trabalhara cinco anos como condutor de trens na região alemã do Ruhr. Naquela ocasião encontrou sua fé e sentiu-se chamado à vida monástica. Regressando a seu país, ingressara efetivamente num mosteiro e nunca se arrependera disso – até hoje ele se considera uma pessoa feliz. Disse-me que se recordava da Alemanha com prazer. E o que mais lhe agradava nos alemães é que são exatos, confiáveis e sobretudo justos. Disse que a justiça é precisamente uma característica dos alemães. Nos italianos o sentimento de justiça não estaria tão desenvolvido, eles algumas vezes também tentariam caminhos mais tortos. Em compensação os italianos teriam um outro valor básico, a saber, o amor. Para ele os italianos eram justamente o povo do amor. E vistos por esses ângulos os alemães e os italianos se completariam maravilhosamente. Pois a justiça precisa do amor para que não se torne implacável, e o amor necessita da justiça para que não deixe passar tudo.

Se isso é realmente assim, deixo em suspenso. Mas achei suas observações dignas de reflexão. Nosso sentimento alemão de justiça é seguramente algo muito valioso. Porém os antigos romanos já diziam: quando se leva ao extremo a justiça algo injusto acontece. Em outras palavras: o amor da justiça pode transformar-se em obsessão pela justiça. Então a justiça se transforma em desumanidade. Em última análise, o que está em questão é sempre o ser humano, não o princípio. Quando um jovem infringe alguma regra, deve enfrentar as consequências. Mas ao mesmo tempo ele precisa saber que sua mãe não lhe nega seu amor por causa disso. Assim, é importante plantar no coração das crianças a semente do amor à justiça. Mas é ainda mais importante dar-lhes ao mesmo tempo a fé em nosso amor incondicional.

O QUE NOS DIZEM OS CEMITÉRIOS

Há pouco tempo ouvi duas histórias que me fizeram pensar. Ambas são a seu modo tocantes e belas, embora se relacionem com a morte. A primeira eu ouvi de uma alemã residente na Itália. Um grande amigo dela, um artista de certo renome, falecera de câncer. Deveria ter havido uma grande solenidade de sepultamento, mas o doente não quis isso. Não queria ser enterrado num cemitério. Não deveria haver nenhuma cerimônia por sua morte. Seu último desejo foi que suas cinzas fossem espargidas no rio de uma montanha. Assim a urna com suas cinzas foi levada a uma montanha por poucas pessoas: sua esposa, seus dois filhos e sua amiga alemã. Era um radiante dia de inverno, quando eles, chegando ao alto, abriram a urna e as cinzas do falecido foram rapidamente levadas pelas águas claras e esverdeadas do pequeno rio em direção ao mar. Assim, no relato de minha conhecida, o amigo dela entrou na eterna circulação da natureza, e todos sentiram um grande alívio.

Agora a segunda história, também ouvida de uma conhecida minha. Ela passava férias com seu marido numa aldeia montanhosa do sul do Tirol. Na primeira noite, quando faziam uma caminhada diante da aldeia, chegaram a um cemitério. Já era noite avançada, e as montanhas em torno apareciam apenas como sombras escuras, as estrelas brilhavam no firmamento, mas diante deles se abriu um mar de luzes. Sobre todos os túmulos ardiam velas em lanternas vermelhas. O brilho cálido das chamas iluminava suavemente as cruzes de ferro dos túmulos e as fotos dos falecidos, os rostos sérios de homens e mulheres. Minha conhecida achou essa imagem extraordinariamente bela. Não era um feriado, mas um dia absolutamente comum. De repente, ela sentiu como era importante e benéfica para nós vivos a conexão com nossos mortos. Todos esses mortos nos pertencem, é o que dizia a mensagem das lanternas, assim como nós de algum modo pertencemos a eles.

Que história me impressionou mais? A segunda. Para o indivíduo pode ser mais agradável o pensamento de simplesmente dissolver-se no nada depois da morte. Contudo, os rios não nos lembram de que todos nós, por nosso destino, pertencemos juntos como seres humanos mortais, e que também os mortos não se separam simplesmente da grande família da humanidade. Somente enquanto existirem esses lugares de respeitosa recordação é que ninguém será esquecido. E apenas nos cemitérios os mortos nos falam.

DEIXAMO-NOS INTIMIDAR COM EXCESSIVA FACILIDADE

No último inverno foi prevista uma onda de frio. No dia seguinte eu deveria voar para a Alemanha e consultei pela Internet um grande jornal. Meu Deus! Deveríamos contar com a pior das situações, informava-se ali. As pessoas deveriam munir-se com cobertores e estocar provisão de gêneros alimentícios para dez dias no mínimo. Como se jamais tivéssemos vivido um inverno. Eram esperadas condições siberianas? Ou os jornais supunham que estávamos aguardando um verão eterno depois de todas as notícias sobre o aquecimento da Terra? Fiz a viagem, apesar de tudo.

Bem, o tempo realmente frustrou alguns propósitos meus. Meu voo de volta para Roma foi adiado em virtude do gelo e da neve. E alguns dias mais tarde, quando deveria comparecer para mais uma palestra na Alemanha, o voo se atrasou algumas horas. Mas também isso não ficou de todo mau, pois os organizadores adiaram minha palestra para o final do evento, de modo que finalmente compareci a tempo. A serenidade é uma boa ajuda contra as surpresas. Sempre se encontra alguma saída. O mais surpreendente em toda essa agitação é o seguinte. Quanto mais bem informados nós somos, quanto mais precisamente podemos prever as coisas, tanto mais facilmente perdemos a paciência. Vemos catástrofes se aproximarem de nós. Pintamos o risco com as cores mais sombrias. E consideramos o medo como o nosso melhor conselheiro. Estou enganado, ou as pessoas antigamente não se deixavam intimidar tão facilmente? Admito que de fato é cada vez mais difícil manter a serenidade de espírito quando os avisos de catástrofes nos assediam por todos os lados. Mas constantes restrições e temores são maus conselheiros. Eles nos paralisam. Tornam-nos inseguros. De minha parte, contudo, atenho-me à exortação de Jesus para viver a vida de modo mais descansado. "Observai as aves do céu: não semeiam, não colhem, nem ajuntam em celeiros, vosso Pai celeste as sustenta. Porventura, não valeis vós muito mais do que as aves?" (Mateus, 6,26). É realmente assim. Quando sei que, com Deus, eu estou em boas mãos, muita coisa não me incomoda mais. Nem mesmo um surto de inverno na Alemanha.

É claro que outras pessoas me preveniram. Mas o que eu deveria fazer? Ficar nervoso? Por causa do medo cancelar tudo, simplesmente porque na Alemanha era inverno? Então prefiro confiar em minha capacidade de improvisação.

A VINCULAÇÃO PODE LIBERTAR

Até que a morte os separe? Muitos casamentos desmoronam muito antes disso. Depois de oito anos, em média, os casamentos se desfazem – é o que dizem as estatísticas. Quem é realista não acredita mais em amor eterno e fica pessimista diante do monte dos destroços. Então será melhor não assumir nenhuma ligação firme. Antes dançar pela vida como um equilibrista, deixar em aberto todas as possibilidades, jamais comprometer-se. Antes muitos pequenos montes de destroços do que um grande. Esse pessimismo está principalmente difundido entre os jovens, e vivencio isso também nos mosteiros. Muitos gostariam de ingressar nos mosteiros, mas não para sempre, e não sem portas dos fundos para escapar quando a vida do lado de fora parecer mais atraente. Não seria então uma solução moderna oferecer "vida monástica temporária" e instituir o "monge com data de validade"?

Não, não acredito nisso. A vida monástica só funciona quando não ficam abertas portas dos fundos. Só funciona com pessoas que têm um grande objetivo e investem tudo numa única cartada. Com pessoas que realmente a levam a sério. A vida monástica exige toda energia, todo amor, toda dedicação de que uma pessoa é capaz; caso contrário, o mosteiro desmorona. O mesmo vale para o casamento. Não se pode manter um casamento com meia força. Sim, acho que não basta nem mesmo amar a outra pessoa. É preciso ir além e acreditar na força do amor. Na força vitoriosa do grande amor, para que o próprio amor se mantenha quando a paixão diminui. Mas isso nunca será algo simples. Sempre haverá lutas. Mas em quem ama assim imperturbavelmente e com toda força com o tempo se instala esta certeza maravilhosa e beatificante: posso confiar na outra pessoa. Posso confiar-me inteiramente a ela. Tenho em meu marido, em minha esposa um aliado para a vida inteira, um apoio firme no meio dessa existência fragmentária. Casais que são inseparáveis fizeram justamente essa experiência entre si.

Pois o segredo mais profundo de um amor grande e duradouro consiste na percepção de que a vinculação liberta. Livre da preocupação constante pela própria felicidade, livre para a entrega à grande meta comum. A promessa de liberdade é algo que a vida monástica e o casamento possuem em comum.

FICOU CLARO EM NOSSA VIDA

Para muitas pessoas o tempo do Advento pode ser uma caça frenética aos negócios. Se isso acontece com você, é uma pena, pois não foi essa a intenção. Para isso não precisamos do Advento. Se o que importa é comprar e negociar, podemos abolir o Advento, e o Natal junto com ele. Corrida para compras podemos ter durante todo o ano. Portanto, acabemos com esse antigo fantasma cristão.
Ou então – reflitamos. Como isso aconteceu de novo? Nessas semanas nós não nos orientamos por uma imagem? Pela imagem de uma criança num presépio? Porventura todo o ano que passou, com suas agitações, decepções e momentos felizes, não se orientou por essa imagem, a imagem de uma mãe com sua criança recém-nascida? Isso nos promete uma nova vida e uma nova esperança. Uma nova vida e uma nova esperança para cada um de nós, para toda a humanidade. Pois essa criança não é uma criança qualquer...
Sim, o tempo do Advento é uma sobrevivência de uma época de fé, e foi pensado como preparação para a chegada de Jesus Cristo. E enquanto não abolirmos o Natal, poderemos continuar vivendo esse tempo na alegre antecipação daquele

dia todo especial em que Deus se fez homem no estábulo de Belém. Durante quatro semanas podemos acender uma vela em cada domingo e vivenciar como, pouco a pouco, um mundo sombrio se ilumina, até que na noite santa brilhe a árvore do Natal: Cristo está presente, nossa vida se iluminou!

Essa é a linguagem das imagens. Houve uma época em que todos entendiam essa linguagem, em que a luz das velas representava a vida e a esperança. Ainda hoje ela as representa. A esperança de que nós, os humanos, não caminhamos simplesmente para a morte mas para a luz eterna.

E essa esperança vale para todo o mundo. Não estamos caminhando para o caos e o aniquilamento, mas para uma glória que Deus nos prometeu por meio de Jesus Cristo. As luzes da árvore de Natal dão-nos um sabor antecipado disso.

Talvez deveríamos manter o Advento e o Natal por mais algum tempo. Não somente por causa das crianças, que mesmo sem explicação entendem corretamente a linguagem das imagens. Também por nossa causa. Para que nos lembremos, uma vez por ano, que em cada fim, inclusive no derradeiro, se esconde um novo começo.

O ENCONTRO ENTRE DUAS CRIANÇAS QUE AINDA NÃO NASCERAM

Vocês já pensaram que o Advento é um tempo especial justamente para as mulheres grávidas? Afinal de contas, são mulheres grávidas as principais figuras do primeiro capítulo do Evangelho de São Lucas, que é a fonte de nossa história do Natal. Entre os evangelistas, Lucas é aquele que nunca esquece as mulheres no séquito de Jesus. Sua história também começa com duas mulheres, Maria e Isabel. Talvez vocês conheçam ambas pelas pinturas. Os antigos mestres amaram esse episódio em que Maria, a mãe de Jesus, visita sua prima Isabel, a mãe de João Batista. Esse encontro aconteceu da seguinte maneira. Maria soube que Isabel estava no sexto mês de gravidez. Ela própria, também no início de sua gravidez, atravessa as montanhas da Judeia para assistir sua prima. Para ambas é o primeiro filho, e mulheres precisam de assistência mútua. Pois bem, quando Maria saúda Isabel, acontece algo notável: o encontro entre as duas crianças que ainda não nasceram. Então acontece uma cena muito especial, pois o pequeno João sente a proximidade de Jesus e estremece de alegria no ventre de sua mãe. Maria permanece três meses na casa de sua prima, portanto, até o seu parto.

Esta breve história é edificada pela ideia de que uma criança é desejada. Não apenas por seus pais, mas também por Deus. Não só João e Jesus, mas também em todos os outros casos. Uma gravidez é portanto muito mais do que um evento biológico. Ela está misteriosamente na origem da vida humana. Toda mulher grávida sente isso quando os primeiros movimentos do embrião se tornam perceptíveis, e sua alegria se mistura com a pergunta ansiosa: a criança nascerá saudável? Amadurecerá no útero materno? E existe essa maravilhosa unidade entre a mãe e a criança, que também é um mistério.

A devoção católica a Maria tem aqui a sua razão: no mistério da gravidez, que no caso de Maria está associado ao mistério da encarnação de Deus. Penso que toda mãe merece ser venerada por seus filhos. Por que então nós, os cristãos, não deveríamos venerar a mulher que deu a vida a Jesus? Se você estiver grávida nessa época, pense também de vez em quando em Maria, e sinta tranquilamente que você também participa um pouco dessa veneração.

O QUE ACONTECE NO ESTÁBULO DE BELÉM É UM DESAFIO PARA A RAZÃO

Naturalmente pode-se aceitar o Natal e participar dele simplesmente porque as crianças precisam receber seus presentes e os clientes seus cartões de Natal. Naturalmente pode-se julgar que uma vez por ano se possa proceder de modo tranquilo com alguma meditação, e consequentemente acender algumas velas ou até mesmo ouvir algumas canções natalinas. O Natal está sendo comemorado entre nós. Está no calendário, e um pouco de tradição não faz mal. Mas e quanto ao resto que ainda está associado ao Natal? O Menino Jesus na manjedoura, a Virgem Maria, o estábulo e os pastores? Brinquedo de crianças? Destituído de sentido? Um desafio para pessoas adultas?

Se você pensa assim, estou de acordo. Sim, a história do Natal é um desafio. Um desafio para a razão. Mas não entendemos apenas com a razão. Entendemos também com o coração. E existem histórias que não falam à razão. Elas só podem ser bem entendidas com o coração. São histórias que falam a uma pessoa no mais profundo da alma, onde reside o anseio, onde está a esperança e onde moram todos os grandes e secretos desejos de amor e proteção ou aventura. E também o coração tem direito a boas histórias. A esperança também tem direito à nutrição. O que se passa com o Menino Jesus no estábulo em Belém é uma história assim, que quer ser lida com o coração. Ela soa da seguinte maneira.

Nessa noite em Belém Deus se torna pequeno. É a hora em que as pessoas não olham para Deus de baixo para cima, mas de cima para baixo. E lá está ele, na manjedoura de forragem do estábulo, o Deus onipotente enrolado em panos! Uma história incrível. A história da humildade de Deus. E Deus levará adiante sua humildade, pois esse Jesus conhecerá, depois da pobreza, também o sofrimento e a morte. E lá, na impotência do crucificado, também está Deus. É a história do Deus onipotente que renuncia à sua onipotência para abrir-nos os olhos para o fato de que existe um poder ainda mais forte do que todo poder e toda violência: o amor. A criança no presépio é a prova viva do amor de Deus, e crer nesse Jesus significa crer no triunfo do amor. No poder do amor, que é mais forte do que a morte. Sim, concordo com você. Para a razão isso é um desafio. Mas para o coração é a mensagem mais feliz do mundo.

O QUE PENSOU DEUS A RESPEITO DISSO?

Desejo que vocês nesse ano-novo que começa sejam preservados de doenças e acidentes. Desejamos que todos conservem seu dinheiro e saúde e cheguem incólumes ao próximo ano. Sabemos também que todos nós somos vulneráveis. Saúde não é algo natural – e por isso é sempre uma razão para agradecer. O que acontece, porém, se formos atingidos por uma desgraça? Nosso mundo desabará com isso? Com que nos consolaremos, com que consolaremos outras pessoas? São perguntas que geram preocupação. E ninguém sabe como reagirá a uma notícia má.

Lembro-me de um casal jovem, cujo filho nasceu com duplo lábio leporino. Operações eram indicadas, mas com 2 anos a criança já tinha passado por todas possíveis. Então os pais foram atingidos por um golpe do destino ainda mais grave. O exame de conclusão revelou que seu filho tinha leucemia. Vocês podem imaginar o desespero da mãe e do pai. Eu também fiquei com as palavras de consolação atravessadas na garganta. Começou então um longo tempo de ansiedade. A criança poderia superar a radioterapia na clínica infantil? Teria chances de sobrevivência? Quando os pais já não aguentavam mais, peguei o carro e viajei trezentos quilômetros até a casa deles. Não tinha muita coisa a dizer, mas queria simplesmente não dar meu apoio. Assim partilhei em silêncio o sofrimento deles. E vivenciei algo incrível: um menino que nunca se queixava e uma mãe que lia para ele em sua cama histórias maravilhosas. Sentei-me ali e escutei. De fato eu pretendia consolar os pais. Em lugar disso eu próprio viajei consolado de volta para casa.

Diante de um infortúnio como esse, ficamos desorientados. Por quê? Perguntamos. Que sentido terá esse sofrimento? E também cristãos crentes se torturam com o pensamento: O que pensou Deus com isso? Não presumo saber a resposta. Apenas sei que viemos de Deus e voltamos para Deus. Quando, se mais cedo ou mais tarde, é segredo dele. Mas se a dor devesse ter um sentido para nós, então seria talvez este: para que possamos aprender a entender em que medida dependemos uns dos outros. Em que medida precisamos de pessoas em quem possamos confiar. Pessoas que nos dão apoio quando nosso mundo começa a vacilar. E que no final só importa isso: dar o máximo de amor que seja possível.

NOSSA CAPACIDADE DE OUVIR E VER ACABARÁ DEPRESSA

Em algum lugar acontece uma festa. Deve ser no prédio vizinho, do contrário a batida monótona e mecânica da música não se ouviria com tanta clareza. Mas festa a esta hora? Às seis e meia da manhã de um domingo? E toda a rua está recebendo o som. As janelas do apartamento em que se comemora estão abertas, a batida ininterrupta ainda se faz ouvir cem metros adiante. E ninguém protesta. Talvez os vizinhos julguem que essas pessoas não lhes darão ouvidos. Nesse meio-tempo já são onze horas da manhã. Alguém cruza a rua e grita na direção das janelas abertas: "Será que é possível baixar o som"? Logo aparece o rosto tresnoitado de um jovem na janela, e efetivamente diminui o volume do som. Esse silêncio é paradisíaco.

Existe o direito de fazer barulho? O ruído será o preço que precisamos pagar pelo progresso? É um fato: todas as invenções tornaram o mundo mais barulhento, a partir do trem de ferro, passando pelo telefone, até os aparelhos sonoros. Tudo é sempre mais rápido, é a lei do progresso. Há cem anos já havia pessoas que sofriam com isso. Naquela ocasião, em 1908, foi fundado na Alemanha o primeiro "clube contra o alarme". Ele editava uma revista chamada *Der Antirüpel* (Contra os Mal--educados) e cobra o direito ao silêncio. Silêncio, para que não percamos a capacidade de ouvir e de ver. Silêncio, para que a intensidade de ruído não nos faça desmaiar.

Isso não valeu de nada, como sabemos hoje. Mas pelo menos podemos tentar uma coisa neste tempo antes do Natal se formos impotentes contra o ruído externo. Poderíamos tentar criar dentro de nós um espaço de silêncio. Cuidar de dar repouso à nossa excitação. E então ouvir, escutar o som do final do ano – como se escutássemos um som que se extingue. Essa seria a oportunidade para indagar de si mesmo. Não apenas: Consegui realizar o que empreendi? Mas, sobretudo: Continuo sendo sempre a pessoa que desejo ser? Gostaria de ocupar-me comigo mesmo? O que as outras pessoas receberam de mim neste ano? O que eu próprio recebi de mim? A quem tornei feliz – e a quem tornei infeliz neste ano? Pense uma vez em si próprio, pois a ocasião é favorável. O ruído da passagem do ano nos disporá muito cedo para o ano-novo. Pois nossa capacidade de ouvir e de ver acabará depressa.

ÀS VEZES O CRISTIANISMO NÃO APENAS É VELHO, TAMBÉM PARECE VELHO

Com o novo acontece uma coisa: nós podemos ser céticos. O ano-novo, por exemplo: o que é que vai ser novo ele? Não se trata de uma etiqueta enganosa? Simplesmente se cola um novo número ao ano. E a vida? Ela continua teimosamente, do mesmo modo como até agora. No máximo, o novo ano vai nos deixar um ano mais velhos... No resto a novidade acaba depressa. Tudo é novo apenas no primeiro momento. Precisamente doze meses depois, aposentamos o ano-novo como ano velho, e a mentira continua: o ano-novo nos aguarda.

Apesar disso... Apesar disso ficamos curiosos. Apesar disso o novo ano desperta esperanças, assim como tudo que ainda é jovem, cheio de forças, ainda virgem e consequentemente prometendo muitas coisas. Não poderia ele reservar-nos surpresas? Desta vez não poderíamos ter mais sorte? É estranho como o novo sempre nos fascina, apesar de todo ceticismo. Afinal de contas, tantas esperanças ficaram irrealizadas. Mas agora tudo está de novo em seu começo, tudo está presente outra vez. E nós? Estamos alvoroçados.

Da mesma forma, uma vez o cristianismo também foi novidade. Nesse meio-tempo ficou velho, e às vezes também parece velho. Mas houve uma época em que ele era cheio de força, ainda virgem, e despertava grandes esperanças. Aquele que se tornava um cristão podia sentir-se mesmo como um homem novo. Desse sentimento vivificante do novo começo surgiu o Novo Testamento, e o termo "novo" aparece frequentemente nele. Aí se fala de uma nova doutrina, de novos cânticos, de pessoas novas, sim, até mesmo de uma nova criação. E para esses primeiros cristãos Deus não era um velho senhor mas o grande renovador. Que otimismo! O cristianismo como cura de rejuvenescimento para o mundo inteiro!

O que era novo nele? Deixemos o próprio Jesus responder. "Novo mandamento vos dou: que vos ameis uns aos outros", diz ele no Evangelho de São João. E a seguir: "Nisto conhecerão todos que sois meus discípulos: se tiverdes amor uns aos outros". Dessa maneira tão simples, o mundo se rejuvenescerá. Com todo aquele que abrir espaço ao amor. Aquele que não quebre o bastão na cabeça de quem o irritar. Que tenha paciência e confie que o amor superará todos os obstáculos, toda maldade, toda obstinação. Amai-vos uns aos outros – assim soava a nova doutrina, e ela não envelheceu. O ano pode de fato tornar-se um ano-novo, se guardarmos no coração esse mandamento eternamente novo de Jesus.